IL MITO

IL VIAGGIO DI ALETHEIA ALLA RICERCA DELLA VERITÀ

LUCA PALAZZO

LICEO SCIENTIFICO G. BRUNO ALBENGA - CL. 5^B

A.S. 2011/2012

ISBN 978-1-291-38509-0

Prefazione

Al termine del percorso liceale ho voluto scrivere una piccola "summa" di quanto ho imparato, o di quanto penso d'aver imparato. I cinque anni di Liceo sono stati caratterizzati da intenso lavoro e grande fatica. Lavoro e fatica mi hanno portato però eccellenti risultati e posso dire che, tornando indietro, mille volte sceglierei di intraprendere questo percorso che si sta per concludere.

Nella scelta dell'argomento dell'Incipit mi sono voltato un'ultima volta a contemplare proprio il cammino compiuto e mi sono chiesto: "Quale aspetto inerente al percorso permetterebbe di tornare alle radici, ma al contempo presenterebbe la possibilità di un esame a posteriori di quanto è stato appreso?". E subito nella mia mente è apparsa in modo "chiaro e distinto", come direbbe Cartesio (1596-1650), la risposta: il Mito.

Ho scelto dunque un aspetto della Letteratura studiato nel primo anno di corso del Liceo. La motivazione della scelta è duplice. Da una parte ho visto nel Mito la possibilità di riassumere i punti fondamentali che stanno dietro l'apprendimento. Inoltre esso richiama molte conoscenze che hanno fatto parte dello studio dell'ultimo anno di corso in particolare, ma anche degli anni precedenti. Dall'altra parte il Mito diviene un terreno fertile per la crescita di nuove idee. La sua funzione è dunque analitica (del corso dei cinque anni di Liceo), ma anche sintetica (di visione complessiva e approfondimento filosofico).

Pertanto, nello scrivere l'Incipit, con un po' di commozione e nostalgia, mi propongo di rivivere il cammino mio e dell'uomo in generale verso la Conoscenza.

IL MITO

Il viaggio di Aletheia alla ricerca della Verità

"Considerate la vostra semenza:
fatti non foste a viver come bruti,
ma per seguir virtute e canoscenza"
(Dante, "Divina Commedia – Inferno",
versi 118-120)

Ai miei Professori
e a tutti coloro che mi hanno aiutato
culturalmente, umanamente,
socialmente e moralmente
a "seguir virtute e canoscenza"

Introduzione

Il Mito è un argomento che mi ha sempre appassionato. Studiare la funzione del mito nella storia e analizzare i singoli miti ci permette di comprendere meglio ogni aspetto dell'umanità stessa.

I miti ci spingono a iniziare un cammino a ritroso lungo il percorso che l'uomo ha fatto nella propria evoluzione storica e sociale. Una volta giunti alle origini dell'umanità stessa, potremo osservare con occhi nuovi ciò che ci sta attorno. Il nostro percorso può essere visto in modo hegeliano: guardando dalla prospettiva del singolo non ci accorgiamo dell'universalità che è dentro di noi. Ma "uscendo da noi" nell'affrontare il percorso storico dell'uomo guadagniamo nuova consapevolezza di noi stessi. Al termine di tale percorso sta proprio il Mito, che è il primo anelito dell'uomo a se stesso, cioè il primo tentativo umano di interpretare la natura che gli sta attorno per poter comprendere meglio la propria interiorità. Una volta "fatto nostro" il Mito, possiamo "tornare in noi stessi" arricchiti del viaggio appena concluso. Così si completa il processo triadico di stampo hegeliano. Se per gli uomini antichi tale percorso era più facile, poiché i miti erano parte integrante della loro cultura, anzi ne rappresentavano la quasi totalità, per noi moderni è più difficile poiché dobbiamo ritrovare addirittura noi stessi, l'umanità dentro di noi e guadagnare il "biglietto" del viaggio che vogliamo intraprendere. La curiosità verso il Mito ci consente di ottenere il "biglietto".

Il viaggio è difficile e il sentiero da percorrere è impervio, ma non potremo mai comprendere appieno ciò che studiamo a scuola e ciò che avviene nel mondo che ci sta intorno senza aver recuperato dentro di noi la scintilla prima della ricerca. I due presupposti da cui iniziamo questo viaggio sono dunque riferibili a Socrate e ad Agostino. Dal primo riprendiamo il concetto secondo il quale "Una vita senza ricerca non è degna di essere vissuta dall'uomo", dal secondo il fatto che la verità stia dentro di noi, dato che sono stati uomini come noi ad ideare il Mito. Agostino si riferiva a Dio, qui il suo principio viene reinterpretato in chiave strettamente umana: "Noli foras ire, in te ipsum redi, in interiore homine habitat veritas: et si inveneris naturam tuam mutabilem, trascende et te ipsum". Nella frase agostiniana possiamo anche ritrovare un altro insegnamento socratico: il "conosci te stesso". Tale affermazione, attribuita pure a Talete (primo dei Sette Savi e di tutti i filosofi) e riportata sul tempio dell'oracolo di Delfi, spinge l'uomo a usare le proprie energie e a sforzarsi di comprendere la realtà per capire meglio se stesso.

La base della speculazione è allora filosofica, nonostante dobbiamo ricordare che la Filosofia stessa nasce dal Mito. Però, proprio in quanto viviamo nel mondo moderno ed è necessario recuperare la nostra umanità prima di intraprendere il viaggio, la Filosofia ci ha aiutato e ci aiuterà come momento imprescindibile del percorso.

Il mito all'origine della letteratura

L'origine del termine e funzione del mito

Il termine "mito" deriva dal greco "μύθος" e significa "racconto". Il mito è un racconto orale scaturito dalla fantasia attraverso il quale viene data una risposta alle antiche ed eterne domande dell'uomo sull'origine del mondo coi relativi fenomeni e sui principi morali che regolano la vita sociale. Non dobbiamo però pensare a spiegazioni totalmente fantastiche: il primo legame che esse hanno con la realtà è proprio il loro intento, spiegare i fenomeni del Cosmo.

Caratteristiche del mito: circocentro di Storia, Scienza e Società

Le tre caratteristiche fondamentali del mito sono state evidenziate da Jean-Pierre Vernant:

- la memoria, necessaria a ricordare i miti che sono tramandati oralmente;
- l'oralità, strettamente collegata alla memoria, comporta il fatto che il mito non possa essere mai fissato in forma definitiva. Esistono infatti versioni diverse dello stesso mito. Quando esso viene messo per iscritto, inizia la sua decadenza;
- la tradizione: il mito è un autentico tesoro di conoscenze, precetti morali, modelli di comportamento, saperi che vengono prima di qualsiasi altra elaborazione concettuale.

Il mito presenta dunque caratteristiche che lo antepongono a qualsiasi conoscenza scritta. Esso si distingue da ogni altra forma letteraria e, come l'acqua di tutti i fiumi confluisce nel mare per essere portata in ogni angolo del mondo, così si colloca nel punto in cui giungono tutti gli aspetti naturali del cosmo per poter essere interpretati e divenire conoscenza utile all'uomo. Infatti gli aspetti del Cosmo che confluiscono nel mito:

- danno forma alla storia umana e alle sue espressioni artistiche e letterarie;
- sono all'origine delle spiegazioni scientifiche dei fenomeni;
- danno vita e spiegano le relazioni sociali delle società umane.

Per questo il mito si trova, come il titolo di questo paragrafo afferma, a uguale distanza da Storia, Scienza e Società (intesa sia come interazioni sociali tra gli uomini che come organizzazione sociale della comunità).

Il nostro percorso

Esistono molti tipi di mito. In particolare nella tradizione greca, che è quella di cui maggiormente ci occuperemo, si ritrovano miti cosmogonici, teogonici, d'origine, degli eroi ed eziologici. Nella nostra trattazione non faremo però un'analisi di ogni tipo di mito con i relativi esempi. Vogliamo invece attenerci all'ambizioso progetto esposto nell'introduzione: percorrere un sentiero che, partendo dall'individualità del singolo, ci consenta di recuperare la vera essenza delle espressioni artistiche, scientifiche e sociali umane giungendo all'universalità. E, paragonando il percorso ad una scala che ci consenta di ascendere dal particolare all'universale, i miti saranno i gradini di tale scala.

L'obiettivo da raggiungere è certamente elevato, ma come sosteneva anche Quintiliano, bisogna sempre mirare in alto se si vuole riuscire.

La civetta come protagonista del viaggio

Per intraprendere il viaggio che ci siamo proposti di affrontare ci immedesimeremo in una civetta, che battezziamo "Aletheia". Essa diverrà così la protagonista della storia che stiamo per raccontare. Per prima spianerà la strada del cammino catartico che ciascuno di noi deve affrontare.

Scegliamo la civetta poiché essa è il simbolo di Atena, dea della Sapienza e dell'Intelligenza. Il nome della civetta "Aletheia" (in greco "ἀλήθεια") significa verità. Nel suo viaggio cerca dunque la Verità.

Capitolo I
La creazione di Aletheia

Tutti gli dei partecipano alla creazione della civetta Aletheia: Efesto la plasma usando acqua e creta, Zeus le alita nelle narici la vita. Atena (il cui simbolo è proprio la civetta) le dà grande intelligenza e Afrodite le conferisce bellezza e armonia nel corpo, in modo che non sia mai stanca. Artemide le insegna l'arte della caccia per procurarsi il cibo nel lungo viaggio e Apollo le svela i segreti della lingua umana e le dona inclinazione poetica e artistica affinché possa capire gli uomini. Infine Ermes le concede di poter volare alla stessa velocità con cui egli riesce a portare i messaggi che gli dei gli affidano.[1]

Gli occhi grandi e intelligenti della civetta ricordano la sua effigie riportata su monete antiche e moderne.

---

[1] La creazione di Aletheia è ripresa da quella della fanciulla Pandora. Ciascun dio donò a Pandora un aspetto del suo fisico o del suo carattere: Efesto la plasmò, Atena le insegnò le arti femminili, ecc. Le fu affidato il famoso vaso con l'ordine di non aprirlo mai. In esso erano stati richiusi mali e dolori. Fu data poi in sposa a Epimeteo, fratello di Prometeo. Un giorno non seppe più resistere alla curiosità di vedere cosa ci fosse dentro e lo aprì. Il nefasto contenuto si sparse per il mondo e sul fondo del vaso rimase solo la speranza che consentì agli uomini di continuare a lottare per la vita.

Capitolo II
Disordine, lotte e sopraffazione: il mondo dal Caos al regno di Zeus

Aletheia può ora librare il suo volo dal tetto del tempio degli dei sull'Olimpo. Si reca dalle Parche, che le concedono di percorrere i fili del tempo a ritroso[1] e tornare all'origine del mondo. Tutto attorno a lei perde consistenza[2], il buio la avvolge e si ritrova su un grande baratro, sostenuta solo dal battito delle sue ali. Ma ecco una luce dal profondo del Caos... Dal vuoto, infinito e tenebroso in cui non esiste nulla emergono Gea, la Madre Terra fonte di vita, Tartaro, un abisso sotto la superficie terrestre che ospita l'oltretomba ed Eros, il dio dell'amore. Nascono poi Himera, il giorno, Erebo, le tenebre sotterranee e Notte. Dall'unione di Erebo e Notte nasce Etere, lo strato più alto e luminoso dell'atmosfera.

La Notte da sola genera Thanatos (morte), Hypnos (sonno), Nemesi (vendetta), i Sogni, le Esperidi (figlie della sera), Miseria, Gera (vecchiaia), Eris (discordia), Apate (inganno) e le tre Moire (Cloto, Lachesi, Atropo). Le Moire presiedono al Destino degli uomini: Cloto fila lo stame della vita di ogni mortale, Lachesi distribuisce su di esso le vicende della vita di ciascuno, Atropo lo taglia al momento della morte.

Aletheia comprende così che il disordine primordiale del mondo ha raggiunto un primo livello di organizzazione. Ma al disordine seguirà la violenza delle divinità primordiali...
Il Caos che ha avuto modo di osservare le ricorda un'opera di René Magritte: "La battaglia delle Argonne" (1959).

La sensazione che la civetta ha provato nel momento in cui si è trovata sospesa sul (o nel, non lo sa neppure lei) Caos è la stessa che è provata dall'osservatore del dipinto. Si rimane disorientati nel vedere una roccia così grande sospesa nel cielo. Essa ha perso l'attributo del peso e si ritrova curiosamente accanto ad una nuvola. Allo stesso modo Aletheia è rimasta

---

[1] Il cammino a ritroso di cui si parlava nell'Introduzione è compiuto da Aletheia e, con lei, dal lettore.
[2] È il primo viaggio di Aletheia in un'epoca diversa da quella da cui è partita (i giorni nostri).

spaesata in quel contesto caotico in cui non c'erano riferimenti. Si è tranquillizzata quando ha visto apparire la luce da cui sono emerse le prime *essenze divine*, se così è lecito chiamarle.

Gea, dopo aver generato Urano (dio del cielo stellato, che popola la terra di piante e animali), ha molti figli con lui. Quest'ultimo è orripilato dalla bruttezza dei suoi figli e li caccia nel ventre di Gea, che invece li alleva dolcemente e li ama. Sono tre Ciclopi, sei Titani e sei Titanidi, tre Ecatonchiri, esseri mostruosi con cento braccia e cinquanta teste.
Gea si vendica della brutalità di Urano dando a Crono, il più giovane dei Titani, un falcetto. Con tale arma il Titano recide i genitali al padre Urano. Prende poi il suo posto di signore dell'universo affiancato da Rea, una delle Titanidi.
Il sangue che sgorga dalla ferita di Urano feconda Gea. Nascono così i Giganti, le Ninfe e le Erinni (o Eumenidi). Dalla schiuma del mare, nel punto in cui erano caduti i genitali, nasce Afrodite.

Aletheia spera ora che il mondo possa vivere una fase di pace e prosperità: Crono regna infatti su tutte le cose e ha creato gli uomini. Essi appartengono ad una stirpe d'oro abile e potente come il loro creatore. Non hanno bisogno di lavorare, ma vivono dei frutti che Gea offre loro.
La violenza è però ancora presente proprio in Crono. Urano gli aveva predetto che il suo trono sarebbe stato spodestato da uno dei suoi figli. Aletheia soffre nel vedere che Crono, per scongiurare la profezia, mangia i figli appena nati che Rea partorisce. Ma c'è ancora speranza: Rea, su consiglio di sua madre Gea, scappa con l'ultimo figlio ancora in grembo (dopo che Crono ne ha mangiati cinque) e lo partorisce in Arcadia. Inganna poi il marito dandogli da mangiare una pietra avvolta in fasce. Il Titano è ora tranquillo: nessuno potrà spodestarlo.

Il tempo scorre e Aletheia vola attraverso gli anni[3]: vede il figlio di Rea superstite, Zeus, crescere e diventare un giovane forte e pronto a prendere il potere che il destino gli ha assegnato. Assunto al servizio di Crono come coppiere, gli versa una pozione magica nel vino. La civetta non crede ai propri occhi notturni: se fino ad ora cose incredibili sono accadute, a questo punto la straordinarietà degli eventi diviene esagerata. Una terribile tosse si impadronisce di Crono e, con cinque colpi spropositati, tali da far tremare la terra, vengono sputati fuori dalla sua bocca cinque esseri dalle sembianze umane. Tre donne, Era, Estia e Demetra e due uomini, Poseidone e Ade.

La violenza raggiunge l'apice: inizia una guerra terribile tra Zeus e Crono. Essa coinvolge tutte le altre divinità: dalla parte di Zeus si schierano i suoi fratelli, alcuni Titani ostili a Crono (Oceano, Temi, Iperione e Mnemosine, ad esempio), da quella di Crono i Titani guidati da

---

[3] Per la seconda volta Aletheia viaggia nel tempo. In questo caso però non torna indietro nel tempo, ma va avanti.

Atlante. La titanomachia dura dieci anni, finché Zeus libera dalle viscere della terra i Ciclopi. Essi gli donano il potere della folgore, regalano a Poseidone un tridente con cui far tremare terra e mare, ad Ade un elmo che, indossato, lo rende invisibile. Bloccato da Poseidone e disarmato dall'invisibile Ade, Crono viene fulminato da Zeus e relegato nei Campi Elisi. I Titani sono scagliati nel Tartaro mentre Atlante viene costretto a sorreggere i cieli. Le Muse intonano nel frattempo un canto per celebrare la vittoria di Zeus.

Un po' di tristezza per la sconfitta di Crono pervade comunque Aletheia, il cui animo gentile avrebbe preferito una soluzione pacifica alla lotta. Innalza allora un lamento di dolore per la "Fine di Crono"[4]:

"L'ora impaurita
In grembo al firmamento
Erra strana.

Una fuligine
Lilla colora i monti,
Fu l'ultimo grido a smarrirsi.

Penelopi innumeri, astri

Vi riabbraccia il Signore!

(Ah, cecità!
Frana delle notti...)

E riporge l'Olimpo,
Fiore eterno di sonno".

"Ungaretti ha visto in Crono – pensa la civetta – l'universalità del tempo nel quale l'uomo vorrebbe risolversi già in vita. Ma, morto Crono (in un'epoca atavica e fuori dalla realtà) non rimane che un sentimento lontano del tempo che riempie in maniera spesso insufficiente il senso di vuoto che pervade l'uomo di fronte alle miserie umane. La poesia è infatti pervasa da un senso di sospensione in un'atmosfera opaca e assonnata".

Aletheia sa cosa succederà ora: gli dei si stabiliranno sull'Olimpo. Li precede allora volando attraverso le nubi[5]. Man mano che sale si sente sempre più leggera: il fuoco e la guerra che

---

[4] Titolo della poesia del 1925 (riportata subito sotto) di Ungaretti, è anche il nome della sezione del "Sentimento del Tempo" in cui si trova.

hanno devastato il mondo per anni si stanno spegnendo, prati e foreste rigogliose ricoprono la terra e coronano i monti. Vede gli dei, che si chiameranno d'ora in poi "olimpici", che scalano il monte. Si instaura una precisa gerarchia, nella quale ogni divinità ha compiti specifici:

- Zeus, signore incontrastato del cielo e della terra;
- Poseidone, che regna sui mari dal suo bellissimo palazzo abissale;
- Ade, signore dell'oltretomba;
- Era, moglie di Zeus, presiede alle arti femminili;
- Estia, dea del focolare;
- Demetra, dea delle messi.

Nascono poi molti altri dei dall'unione di Zeus con varie donne divine:

- Efesto, dio del fuoco e della metallurgia ed Ares, dio della guerra, sono nati da Era;
- Apollo, dio della musica e della medicina ed Artemide, dea della caccia, sono nati da Leto, figlia del titano Ceo;
- Atena, dea delle arti e della sapienza, nata dalla titanide Meti;
- Ermes, messaggero degli dei, dio dei commerci e dell'eloquenza, nato da Maia.

Appollaiata su una roccia in cima all'Olimpo, Aletheia osserva i banchetti, le feste, i litigi e le vicende di quegli dei che tanto ricordano gli uomini. Ci vorrebbe troppo tempo a descrivere tutti i loro atteggiamenti, a elencare i nomi e i ruoli di tutte le divinità che la nostra civetta può vedere. Inoltre lei stessa deve partire: dato un ultimo dolce sguardo alla giovane Atena[6], libra il volo e raggiunge, in un viaggio a metà tra lo spazio ed il tempo, la prossima tappa del suo cammino, il Caucaso.

---

[5] La cima dell'Olimpo è spesso avvolta dalle nubi. Per l'atmosfera misteriosa che la circonda (la nuvola, si ricordi, è spesso ritenuta una teofania) è stata ritenuta dai Greci la sede degli dei.

[6] La civetta è il simbolo di Atena; per questo Aletheia le è così affezionata.

Capitolo III
Il percorso dell'umanità: dall'intervento divino di Prometeo a quello eroico di Eracle

Planando verso il basso e ascendendo, abbandonandosi alle correnti o cavalcando i venti, Aletheia raggiunge una profonda gola e scorge, nell'infimo punto, un luccichio di catene.

Decide di avvicinarsi. Mentre vola avvista un'aquila e sente uno straziante lamento. L'aquila sembra avvinghiata al ventre di un uomo (o un dio?) incatenato alle rocce. Finalmente giunta a pochi metri dal punto in cui si svolge quella raccapricciante visione Aletheia vede l'aquila allontanarsi col becco ancora intriso di sangue. Improvvisamente, con un'ultima esalazione di lamenti, le ferite nel ventre di quell'essere (non certo un uomo comune) incatenato alle rocce si rimarginano: i tessuti del fegato dilaniato si riformano, le vene vengono ricostruite e l'iniziale crosta di pelle riformatasi si sana e assume il consueto colore da rossa scura che era. Rimane comunque la cicatrice del supplizio.

"Che sia quel titano di nome Prometeo che osò sfidare Zeus? Dunque molti anni sono passati dalla situazione in cui prima mi trovavo" pensa Aletheia.

"Ehi tu, chi ti manda? Nessuno da trentamila[1] anni viene a trovarmi: gli uomini non possono raggiungere un luogo così impervio e gli animali hanno paura dell'aquila che sbrana chiunque si avvicini. No, tu non puoi essere una civetta qualunque: appena sei arrivata l'aquila si è allontanata lasciando a metà il mio supplizio!". Così inizia a parlare l'essere incatenato alle rocce.

Aletheia risponde: "Se la mente sottile di civetta e gli occhi notturni non m'ingannano, tu sei Prometeo. Viene a trovarti Aletheia, animale scelto da dei e uomini per compiere un viaggio nello spazio e nel tempo alla ricerca della Verità!".

"Sì, io sono Prometeo, colui che combatté al fianco di Zeus contro gli antichi titani e che portò il fuoco agli uomini. Concessi loro di superare molti dei limiti che la natura aveva imposto alle possibilità umane. Per questo fui punito dal padre degli dei. *Tantae animis caelestibus irae[2]!*".

"Come tu provasti a far superare agli uomini i loro limiti, così un uomo, in futuro, tenterà di raggiungere lo stesso obiettivo. Atena mi ha dato infatti la conoscenza della Letteratura e di una certa Mary Shelley che scrisse riguardo ad un uomo, il dottor Victor Frankenstein. Pensandoci, nella mente inizio a ricordare l'opera della scrittrice, ma non posso capirne la trama poiché non conosco la lingua inglese".

---

[1] È, secondo, il mito, la durata del supplizio di Prometeo. Dopo trentamila anni fu liberato…

[2] Nell'undicesimo verso del proemio dell'"Eneide" Virgilio si chiede: "Tantaene animis caelestibus irae?". L'interrogativa è retorica e risulta quindi un'esclamazione: "Così grandi nell'animo dei celesti le ire!" Nel testo è stato tolto in "-ne" enclitico in modo da poter rendere la domanda un'esclamazione anche in Latino.

"Gli dei mi hanno incatenato qui, ma non sono riusciti a privarmi di tutti i miei poteri. Gea riesce ancora a conferirmi capacità divine proprio attraverso le catene che mi bloccano. Voglio dunque che tu mi racconti questa storia. Affinché tu possa esporla, ti darò la capacità di capire l'Inglese...".

Aletheia sente un turbine nella sua mente. Esso attizza con forza costruttrice le sue abilità sopite[3]. Ecco che le parole dell'opera che aveva in testa diventano chiare: vede le immagini che si susseguono nella vicenda. Può ora esaudire il desiderio di colui che è stato tanto benevolo verso di lei.

Now I'm going to tell you the story and its meaning. "Frankenstein" is Mary Shelley's masterpiece. It's narrated in first person by three different narrators: Dr. Frankenstein, the creature he created and Captain Walton, a sailor that Frankenstein met.
Walton is stuck in the ice of the North Pole: he has left home to reach the Pole. He writes letters to his sister Margaret and tells her that he has met a man, Frankenstein, who has told him an incredible story.
After his mother's death, Victor started to study medicine and anatomy to find out the way to give life to a dead body. He collected pieces of dead bodies and built up a horrible creature. He used the power of a thunderstorm to give life to the body. But he didn't like the Creature and abandoned it. Anyway the Creature discovered who its creator was and suffered the abandonment. So it killed William, Victor's brother, and made Justin Moritz, Frankensteins' housekeeper, appear guilty of the fact. She would die in prison. This was the beginning of a number of crimes which saw the murder of Clerval, a friend of Victor's and Elizabeth, Victor's wife. Actually the Creature had asked Victor to create a female creature for it, but he had refused. So it took revenge.
Victor decided to chase the Creature all over the world to kill it. So he arrived at the North Pole where he found Captain Walton. After telling his story, Victor is exhausted and dies.
The Creature is desperate for its creator's death and begins to cry. It didn't want to be violent, but the evil of society has made him bad. At the end the Creature kills itself.

As you can see, Victor Frankenstein , or the modern Prometheus, has tried to overcome human limits, but he is punished by nature. This is what happened to you! This is why Victor is surnamed with your name. At the same time, while you succeeded in improving men's living

---

[3] Conoscere è ricordare, come affermava Platone. Aletheia presenta dunque l'influenza platonica della teoria della reminesccenza: ciascuno di noi ha visto prima di nascere il mondo delle idee (iperuranio) e quando entra in contatto con un oggetto della realtà "spolvera" nella mente l'idea cui esso fa riferimento. Aletheia conosceva già l'Inglese, ma non lo ricordava. Prometeo la aiuta a recuperare questa abilità. In tal modo può esporre al titano la storia dell'opera di Mary Schelley.

conditions, Mary Shelley is very pessimistic about the possibilities of improvement of human society. Every change is seen as a danger: this is why the Creature is not accepted by society. This has another consequence: the Creature is good by nature, but is made bad by society.
I hope to find an optimistic conclusion to the condition of man and human society".

Ha parlato in Inglese! Prometeo è stato davvero magnanimo nei suoi confronti. Ora può capire molte più informazioni che sono rimaste fino a quel momento incomprensibili nella sua mente!

Mentre la civetta pensa ancora alla sua nuova capacità l'attenzione di Prometeo è attratta da un punto in alto nel cielo. Aletheia si volta e vede l'aquila che prima straziava il fegato del titano dirigersi verso di loro. "Come è possibile? – si chiede Prometeo – O sta tornando per concludere il mio supplizio o vuole attaccarti! Presto, allontanati o soccomberai!".
"Mi dispiace, Prometeo, di doverti abbandonare. Gli dei mi hanno dato grande intelligenza, ma non abbastanza forza fisica per sconfiggere un animale tanto possente".
Ma, proprio in questo frangente, una freccia fa vibrare l'aria e si conficca nel ventre dell'aquila. Le ali cedono e non sorreggono più il suo volo. Finisce a terra, ma riesce a rialzarsi. Si scaglia con un ultimo impeto su chi l'ha aggredita, ma nello slancio viene trafitta da un'altra freccia, questa volta al cuore[4].

Aletheia e Prometeo si guardano stupiti: quanti strani avvenimenti stanno accadendo a colei che ricerca la Verità (e quanti, possiamo aggiungere, avvenivano al titano dopo trentamila anni di solitudine e sofferenza)! Da un punto nascosto dalle rocce e dai cespugli salta fuori con un balzo un uomo (o un dio? o un altro titano?). Chi sarà mai? Muscoli sono armoniosamente distribuiti su tutto il suo corpo, la pelle abbronzata da lottatore luccica al Sole.
Nessuno parla. Aletheia allora interviene: "O tu, uomo che hai sembianze di un dio, sei tu quell'Eracle che un giorno scagliò in aria il giovane Lica perché quel ragazzo t'aveva consegnato la nefasta tunica di Nesso[5]?". Aletheia non ricorda ancora le dodici fatiche, ma l'episodio rappresentato da Antonio Canova (1757-1822) nel gruppo "Ercole e Lica" (1795-

---

[4] … Proprio durante la visita di Aletheia a Prometeo il titano viene liberato dal supplizio dopo trentamila anni di sofferenza! Ma chi lo libera?
[5] Si riferisce all'episodio che, secondo la leggenda, pose fine alla vita mortale di Eracle. L'eroe uccise un centauro di nome Nesso. Quest'ultimo, in punto di morte, per vendicarsi almeno in modo postumo, chiamò Deianira, moglie di Eracle e le consegnò un po' del suo sangue. Fece credere alla donna (esasperata dai tradimenti del marito) che il sangue fosse un potente filtro d'amore. Deianira allora vi intinse la tunica di Eracle e gliela fece consegnare dal giovane Lica. Il sangue non era un filtro d'amore, ma un veleno che pervase le membra dell'eroe impedendogli di togliersi la tunica. Eracle prese il giovane Lica e lo scagliò in aria. Con le ultime forze sradicò alcuni alberi ed erse una pira (mica male, per trattarsi delle ultime forze!). Si gettò su essa e l'amico Filottete (che parteciperà alla guerra di Troia con le armi donategli da Ercole stesso) accese il fuoco. Zeus però salvò Eracle prima che morisse e lo accolse sull'Olimpo dove sposò la coppiera degli dei, Ebe.

1815). "Un giorno un grande artista, al pari di Policleto e Lisippo[6], realizzerà una grandiosa scultura raffigurandoti nel gesto del lancio di Lica. Non pensare male di lui: certo, ci sono stati momenti in cui ti sei comportato in modo lodevole e hai saputo contenere l'ira, ma l'artista saprà sfruttare il tuo eccesso per raggiungere una perfetta armonia compositiva. Dopo che i suoi aiutanti avranno sbozzato il blocco di marmo scelto, egli si dedicherà alla politura e alla levigatura dell'opera. La tensione del tuo gesto sarà assecondata dalla leggerezza di Lica, la tua forza dal suo abbandono. Ed ecco nascerà un movimento circolare che eternizzerà la vostra posizione. Guardandovi in un momento tanto particolare saranno chiari sia il litigio verbale passato che la conseguenza futura del gesto. E gli uomini potranno imparare come anche nell'ira risieda la loro umanità".

"Sembra che tu mi conosca bene – inizia Eracle – ma io non so chi tu sia. Inoltre tu parli di fatti che non sono ancora avvenuti. So di cosa parli perché un oracolo mi ha profetizzato che morirò a causa di un avversario sconfitto e già morto[7]". Allora Prometeo spiega all'eroe l'identità e la missione della civetta.

"Io invece – continua Eracle - sono venuto a liberarti dal tuo supplizio e a condurti di nuovo tra gli uomini che tanto hai amato. Propongo anche a te, o Aletheia, di seguirci almeno per un tratto in modo che tu possa soddisfare in parte la tua sete di Verità!".

"Ben volentieri vi seguirò procurandovi di tanto in tanto qualcosa da mangiare!" risponde Aletheia. L'eroe e il titano così s'incamminano seguiti dalla civetta che li sorveglia dal cielo.

"Per ricambiare le nuove conoscenze acquisite dal tuo racconto voglio parlarti, Aletheia, della creazione dell'uomo[8]" esordisce improvvisamente Prometeo. Aletheia è tutta orecchi.

"Devi sapere che gli uomini che oggi tu vedi non sono i primi ad essere stati creati, ma solo l'ultimo tassello di una lunga serie di tentativi ed errori. Crono creò la prima stirpe, quella degli uomini d'oro che vivevano nell'età dell'oro. Non avevano bisogno di lavorare, ma vivevano dei frutti che la benevolenza di Gea offriva loro".

---

[6] Aletheia non si è ancora accorta che l'epoca in cui si trova è antecedente a quella in cui vissero Policleto e, tanto meno, Lisippo (posteriore anche a Policleto). Pensa dunque di poter far capire ad Eracle ciò di cui sta parlando citando esempi di scultori classici.

[7] L'episodio di Lica è successivo al momento dell'incontro tra Aletheia ed Ercole. L'eroe tuttavia sa di cosa la civetta stia parlando poiché un oracolo gli ha preannunciato come morirà.

[8] Prometeo vuole parlare della creazione dell'uomo poiché egli stesso ne è stato protagonista: oltre a portare il fuoco agli uomini, in precedenza aveva plasmato con la creta i corpi degli uomini delle varie stirpi. Dipoi Zeus alita la vita nelle narici degli impasti di creta dalla forma umana.

"È vero – interviene Aletheia – ho visto con i miei occhi quanto accadde".

Prometeo continua un po' sorpreso[9]: "Sconfitto Crono, tali uomini scomparvero. Zeus ne forgiò allora una nuova stirpe, quella d'argento. Questi nuovi uomini erano però talmente rozzi e litigiosi da esasperare il loro stesso creatore che li distrusse tutti. Anche gli uomini della stirpe successiva scomparvero inghiottiti dal Tartaro in cui Zeus li spedì. Gli uomini della generazione di bronzo erano infatti talmente intelligenti da pensare di poter superare gli dei. Si arrivò agli uomini dell'età del ferro, non meno empi e feroci dei loro predecessori. Questa volta Zeus li annientò tutti con un diluvio. Solo due sopravvissero: mio figlio Deucalione e mia nipote Pirra, figlia di mio fratello Epimeteo e di sua moglie Pandora. Deucalione e Pirra vagarono su una barca per nove giorni e nove notti finché non approdarono sul monte Parnaso. Ripopolarono il mondo gettando alle proprie spalle *le ossa della Grande Madre*[10], come consigliò loro l'oracolo di Temi. Gettarono cioè le pietre che trovavano per terra dietro di sé".

"Per questo dunque Ovidio afferma che gli uomini sono una razza dura, allenata alle fatiche, e danno testimonianza di che origine sono" interviene Aletheia.

"Esatto[11]. – risponde Prometeo – Inoltre dalla stirpe nata da Deucalione e Pirra discendono anche gli eroi come te, Eracle. Voi siete l'orgoglio della razza umana: rappresentate i punti più alti che l'umanità riesce a raggiungere. Nonostante vi sentiate limitati dalle possibilità umane, avete più libertà degli dei e dei titani. Potete agire nel mondo liberi dalla preoccupazione di provocare lotte che scardinino l'ordine dell'universo e riportino il Caos dal quale deriviamo. Inoltre, ciascuno di voi eroi eccelle per un aspetto dell'umanità. Ti consiglio allora, Aletheia, di abbandonare il mondo degli dei che poco possono aiutarti nella comprensione della Verità e di avvicinarti a quello degli uomini partendo dagli eroi. La strada si farà dinanzi a te: troverai eroi di ogni genere che contribuiranno con la loro esperienza alla tua ricerca".

Le parole di Prometeo suonano come un'esortazione umanistica della Scienza: essa, pur volendo essere oggettiva, è prodotta dagli uomini e si deve basare sulla loro esperienza. Per questo la ricerca scientifica è il risultato di un percorso "umanistico". Non può esistere allora una mente senza un cuore che la sappia stimolare, ma anche un cuore senza una mente che sappia interpretare gli stimoli[12]. Pertanto la ricerca di Aletheia, volendo essere rigorosa, si deve basare su questi presupposti.

---

[9] Aletheia ha visto direttamente l'episodio di Crono e della creazione dell'uomo nell'età dell'oro nel capitolo precedente.

[10] Così afferma Ovidio nelle "Metamorfosi".

[11] Prometeo non conosce Ovidio, ma ragionando, si rende conto della bontà dell'affermazione di Aletheia.

[12] Il flusso di coscienza di Aletheia mette in luce la prima conquista del suo viaggio: la comprensione dei rapporti uomo-scienza.

Nel frattempo cala il buio e i viandanti si fermano per mangiare e riposarsi. Intorno non si vedono però né frutti né animali da cacciare.

La civetta allora spicca il volo alla ricerca di cibo e pensa: "Finalmente è notte e vedo benissimo". Mentre vola medita sulle sue avventure: quale impresa le è stata affidata! La sua attenzione viene però catturata da una strana luminescenza dell'atmosfera che nota solo ora. Quindi innalza *un poco più le ciglia*[13] e si accorge della presenza di un grande disco luminescente nel cielo. Forse è di ghiaccio, forse di vetro. No, è qualcos'altro[14]. Si ricorda di aver già visto un corpo siffatto in un'opera. In essa un cielo trasfigurato dalla mente dell'artista, Vincent Van Gogh (1853-1890), era pervaso dalla luce emanata dalle stelle e da un corpo che sembrava di fuoco. "Luna" si chiamava quel corpo e "Notte stellata" (1889) quell'opera.

Ora Aletheia sta appollaiata su un ulivo e la Luna si riflette nei suoi occhi. Quel corpo celeste sta appeso in quel punto del cielo da quattro miliardi e mezzo di anni. Nel periodo della lotta tra dei e titani era ancora una sfera incandescente con evidenti fenomeni vulcanici. Rossa come il fuoco, piano piano le si era formata una crosta. Due periodi di intenso vulcanismo erano stati inframmezzati da un periodo di bombardamento cosmico. Alla fine quel corpo era andato via via raffreddandosi. Ecco là appare bianchissima per il potere d'albedo, senza atmosfera o idrosfera, soggetta a forte escursione termica tra dì e notte.

Ma ancora quel corpo ha uno strano potere su uomini e animali[15]: Aletheia sente dentro di sé una forza che la attrae verso la Luna. Essa appare sempre più grande e più luminosa. Occupa tutto il suo campo visivo. Inizia a girare. Si alza un vento strano, né caldo né freddo. Farfalle bianche sbucano dalle loro tane e volteggiano attorno alla civetta. Ella si sente trasportata verso l'alto. Ode il suono di una voce familiare. Nel disco della Luna appare un'immagine: una donna armata di sarissa e di egida[16], con elmo e corazza. "È Atena! – pensa Aletheia – Atena, Atena è venuta a trovarmi!". Un colloquio muto e intenso intercorre tra l'animale e la sua protettrice. Tanti sentimenti di letteraria memoria si affollano nel suo animo: una meraviglia

---

[13] Dante Alighieri, "Divina Commedia – Inferno", canto IV, verso 130.
[14] È la prima notte della vita di Aletheia. Istintivamente sa di vedere meglio in questa parte del giorno, ma non ha mai visto il cielo dopo il tramonto del Sole!
[15] Nonostante la Luna sia ormai un corpo geologicamente morto, come Aletheia nota nella sua analisi, esercita un grande fascino sull'uomo. Poeti e artisti sono sempre stati attratti da questa forza misteriosa.
[16] Sono la lancia e lo scudo di Atena e degli opliti.

simile a quella del personaggio pirandelliano Ciaula, una tensione mistica e la percezione della teofania dell'apuleiano Lucio Asino, il dolore leopardiano alla vista del medesimo corpo celeste che guarda indifferente le vicende umane. In quel momento però il dolore per la violenza terrena degli uomini sta calando alla vista rassicurante della dea che la sostiene col suo sguardo. "Ora va' – sembra dirle – prendi ciò che hai visto come un buon auspicio per il tuo viaggio!".

Aletheia finalmente capisce che davvero il suo viaggio era stato disposto e curato nei minimi dettagli dagli dei[17]: l'ulivo su cui si era posata era la pianta sacra ad Atena, le farfalle erano le anime dei morti che le hanno permesso di comunicare con il divino, la Luna era stata teofania. E in effetti farfalla deriva dal greco "ψυχή" ("psiche"), cioè "anima".
Vede poi un coniglio che saltella; si ricorda lo scopo per il quale si era allontanata dai due compagni di viaggio; si avventa su di lui; lo cattura. Ha una folgorazione: in alcune zone della superficie terrestre, soprattutto in Cina, è possibile vedere un grande coniglio sulla superficie lunare. I chiaroscuri della morfologia lunare disegnano tale illusione. Ecco un altro segno dell'intervento divino!

La civetta torna col bottino dai due compagni che nel frattempo erano riusciti a trovare un po' di frutta e a catturare alcuni volatili. Il fuoco era già acceso e Aletheia non può non menzionare Eraclito: "Ecco l'archè secondo il filosofo di Efeso, Eraclito[18]!". Eracle ha un brivido nel vedere il fuoco che scoppietta. Durante il pasto frugale Aletheia spiega la sua affermazione. Il cibo diviene così un elemento che fornisce maggiore coesione al gruppo. E se è vero, come afferma Feuerbach, che siamo ciò che mangiamo, i tre si sentono un po' più uniti dopo il pasto: mangiando lo stesso cibo si uniformano ad esso e, per una concreta manifestazione della proprietà transitiva, diventano più simili tra loro.

---

[17] Nel corso del viaggio Aletheia acquisisce sempre maggior consapevolezza della sua missione: all'inizio sembra un essere in balia delle mete che gli dei hanno scelto per lei. In seguito la sua volontà arriva a identificarsi con quella divina.

[18] Nella visione del mondo di Eraclito la realtà è in continuo divenire. "Non è possibile discendere due volte nello stesso fiume" è la celebre frase eraclitea che mette in luce il costante cambiamento cui la realtà è soggetta: l'acqua che scorre nel fiume non è mai la stessa, cambia di istante in istante. Se anche fosse la stessa, da un bagno all'altro l'uomo che vi si immerge sarebbe cambiato fisicamente e psicologicamente. Ciò che per eccellenza è in moto perpetuo e rappresenta perciò il mutare continuo del cosmo è, secondo Eraclito, il fuoco. Esso viene allora assunto come archè, principio della realtà. Si chiama infine "Logos" se si intende la legge che governa i fenomeni in cui si manifesta il cambiamento.

"Sono curiosa – inizia Aletheia – di ascoltare le tue imprese, o figlio di Zeus e d'Alcmena, odiato da Era[19]! Ricordo infatti che tu sei famoso per dodici fatiche e per le pene che gli dei ti hanno fatto passare".

"Hai ben ragione nel dire ciò, Aletheia. Era mi ha sempre odiato e spesso condotto alla pazzia. Quando ancora ero ragazzo mi provocò un accesso d'ira in seguito al quale uccisi il mio precettore. Espiai la mia colpa pascendo le greggi in Beozia fino al diciottesimo anno di età. Giunto a Tebe e sposata Megare, figlia del re Creonte, Era mi fece impazzire e in una notte terribile gettai mia moglie e i miei tre figli nel fuoco. Per questo ancora oggi ho paura del fuoco e ho sempre un brivido nel vederlo scoppiettare".

"L'ho notato prima" afferma Aletheia.

"A ogni modo volli espiare la mia colpa, nonostante fosse stata Era a provocare le mie nefaste azioni. L'oracolo di Delfi mi ordinò di recarmi a Tirinto e di mettermi al servizio del re Euristeo, infido servo di Era. Per dodici anni eseguii i suoi ordini e portai a compimento dodici impossibili imprese, ricordate come le "dodici fatiche". Uccisi il leone di Nemea e l'idra di Lerna, catturai la cerva di Cerinea e il cinghiale Erimanto, allontanai dalle paludi dell'Arcadia gli uccelli di Stinfalo, pulii le stalle di Augia, catturai il toro di Creta e le cavalle di Diomede, ottenni la cintura di Ippolita, mi impadronii per Euristeo dei buoi di Gerione, mi feci aiutare dal titano Atlante a rubare le mele d'oro delle Esperidi e portai fino a Tirinto il tartareo cane, Cerbero, dopo averlo sconfitto. Quante imprese ritenute impossibili l'ira divina mi obbligò ad affrontare! *Tantae animis caelestibus irae[20]!*"

"Tu manifesti pienamente – interviene Prometeo – il continuo desiderio di azione e di successo. Con le tue imprese hai salvato molti uomini e continui ad aiutare gli altri. Oggi ad esempio hai salvato anche me dal mio supplizio. Hai mostrato una grande *humanitas* e una grande *pietas[21]* nel sopportare ciò che gli dei hanno deciso di porre sul tuo cammino".

"*Homo sum, humani nihil a me alienum puto[22]*" risponde Eracle.

---

[19] Eracle era figlio di Zeus e di Alcmena, una delle tante amanti del padre degli dei. Era osteggiò sempre Eracle per invidia nei confronti di Alcmena.

[20] Si riveda la nota 2 del corrente capitolo.

[21] Eracle possiede due caratteristiche (oltre alla forza, ovviamente) che saranno tipiche anche di Enea. La prima è l'"humanitas", cioè l'apertura verso gli uomini in quanto tali, senza pregiudizi di razza, religione e cultura. La seconda è la "pietas" (che può racchiudere in sé anche l'"humanitas" poiché è rivolta pure verso gli uomini), cioè il senso del dovere, il sentimento emotivo che ne è alla base e la reciprocità (il legame che è l'applicazione pratica del senso del dovere).

[22] Eracle adatta a sé il detto terenziano (in un accostamento anti-cronologico tra mondo greco e latino simile a quello fatto in precedenza da Prometeo e spiegato nella nota 21 di questo capitolo). È un uomo e come tale tiene in considerazione tutti gli aspetti dell'umanità. Terenzio, scrittore teatrale della prima metà del II secolo a.C., si riferiva all'ambito letterario-psicologico. Qui Eracle si riferisce all'ambito etico-fattuale.

Prometeo riprende: "Con il tuo operato hai condotto l'umanità dal disordine originario nel quale era nata sulla strada verso l'ordine. Forse è possibile la conclusione positiva che tu cerchi, Aletheia!".

"Hai ragione – risponde la civetta – nel racconto di Eracle ho notato la presenza di numerosi aspetti e sentimenti umani: forza, audacia, astuzia e coraggio. L'ira di cui già ho parlato nella descrizione di "Ercole e Lica" era in realtà provocata solo da agenti esterni, dal mondo divino!".

Con queste parole di Aletheia si conclude quel giorno così denso di avvenimenti. Dopo aver visto le devastazioni derivanti dalla lotta tra dei e titani, ella ha scoperto che nell'uomo esiste il bene. La vita umana sulla terra ha riflettuto inizialmente il disordine primordiale, ma ha poi iniziato un percorso per raggiungere l'ordine e l'equilibrio. Vi sono uomini simili ai personaggi storico-cosmici che Hegel ha individuato nel suo sistema filosofico che si adoperano per il raggiungimento di tale obiettivo. Prometeo ed Eracle ne sono esempi. Nell'epoca da cui Aletheia proviene è però raro trovare individui come i due citati: gli uomini sembrano aver dimenticato la loro dignità e vivono in un periodo di decadenza [23].

---

[23] Aletheia è naturalmente portata a confrontare la condizione umana antica con quella moderna. Vorrebbe allora che gli uomini recuperassero i modelli quali Eracle (fuor di allegoria, coloro che nella storia universale e individuale hanno eccelso in uno o più aspetti dell'umanità) e li emulassero nella propria esistenza per migliorarsi sempre di più.

Capitolo IV
L'amore per le scienze e le arti: Chirone e le Muse

Il titano, l'eroe e la civetta proseguono il cammino e, dopo molti giorni di viaggio, raggiungono la regione della Tessaglia.

"Ora avrai modo di incontrare, Aletheia, – inizia Prometeo – una tra le creature più sagge esistenti al mondo, cioè Chirone. Egli è un centauro, ma non è violento e stupido come i suoi simili[1], bensì ha un'intelligenza e una sapienza più vasta persino di molti dei!".

"È stato il mio maestro" interviene Eracle. "Non solo io ho ricevuto i suoi insegnamenti: alcuni miei compagni furono Teseo, Giasone, Peleo, Asclepio e persino Dionisio!".

Davanti a loro si staglia il monte Pelio ed è possibile vedere la grotta in cui Chirone vive. Improvvisamente però dall'apertura nella roccia escono alcuni centauri. Aletheia si accorge che nessuno di loro è Chirone. Infatti Eracle imbraccia l'arco e inizia a scagliare le frecce intrise del veleno dell'Idra. Uccide così numerosi nemici.

"Fermatevi, fermati Eracle!". Chirone corre fuori dalla grotta. Ma è troppo tardi: una freccia vola già alta nel cielo e inizia la discesa verso il basso. Con moto terribilmente fatale fende l'aria e colpisce Chirone al ginocchio. Un dolore insopportabile lo fa stramazzare al suolo. Egli è però figlio di Crono e Filira, figlia d'Oceano e pertanto è immortale[2].

Eracle corre subito verso il suo maestro seguito da Prometeo e da Aletheia. Anche i centauri dimenticano la lotta e si radunano attorno a Chirone.

"Eracle, non smetterai mai di combattere?" lo rimprovera Chirone.

"Stai bene, Chirone? Dimmi quali erbe ti servono per curarti e te le procurerò!" dice Eracle senza rispondere alla domanda del centauro.

"Non c'è modo di guarire una ferita provocata dal veleno di mostri immortali come l'Idra, la Chimera, Cerbero o la Sfinge, figli di Echidna e Tifone. Non posso però neppure morire, essendo io stesso immortale. Dovrò sopportare questo dolore per sempre; c'è solo una possibilità di farla finita, ma è troppo remota…[3]".

Lo sguardo del vecchio centauro si posa su Prometeo. Rimane a bocca aperta indicandolo con la mano destra, mentre la sinistra è impegnata a tenersi la ferita. "Cosa hai fatto, Eracle? È davvero quello che vedo il titano Prometeo? E quella civetta è davvero Aletheia?". Aletheia prova dunque grande meraviglia: come fa quell'essere a conoscere la sua identità?

---

[1] I centauri hanno la fama di essere animali stupidi e violenti. Si pensi alla violenza di Nesso nell'episodio descritto nella nota 5 del capitolo III.

[2] Ancora una volta Aletheia si trova in un momento culminante per la vita dei personaggi che incontra. Ha incontrato Prometeo proprio quando Eracle era giunto a liberarlo. Ora ha modo di incontrare Chirone nell'evento fondamentale della vita del centauro. Si capirà poi perché…

[3] E invece…

Eracle annuisce[4]. "Bene. - continua Chirone – A te, Aletheia, posso solo donare una parte delle mie conoscenze della Matematica e dell'Astronomia, che sicuramente potranno esserti utili in futuro. Per quanto rigurda te, Prometeo, devi avvicinarti a me e prendere la mia mano".

La mente di Aletheia viene potenziata come è accaduto quando ha imparato l'Inglese. Prometeo invece si avvicina e porge la sua mano al centauro. Chirone pronuncia le sue ultime parole: "Addio a tutti voi: sappiate usare proficuamente i miei insegnamenti! Possa tu, Aletheia, concludere felicemente il tuo cammino! Io non vi abbandonerò, ma vi osserverò sempre dall'alto e guiderò le vostre menti illuminando quelle degli uomini che mi sapranno riconoscere![5]". Subito dopo il suo corpo inizia a emanare delle piccole scintille luminose[6]. Prometeo e Chirone sono racchiusi in una sfera di luce costituita da quelle faville. Ed ecco esse trasmigrano dal centauro al titano. Con un'ultima esplosione di luce il processo si completa. Il titano sente ora una nuova forza, mentre il corpo esanime del centauro inizia a migrare verso l'alto. A un certo punto esplode dividendosi in tante sfere incandescenti che rimangono sospese nel cielo.

"Chirone mi ha donato la sua immortalità! Era da quando Zeus mi aveva incatenato al Caucaso che non mi sentivo così forte!" esordisce dopo un breve silenzio Prometeo[7]. Così, in quell'atmosfera mista di tristezza e commozione il gruppetto che orbitava attorno a Chirone si trova ora col naso all'insù a guardare le stelle che compongono la nuova costellazione del Centauro. "Ecco Alpha Centauri, la stella più vicina al Sole, a 4,3 milioni di anni luce!" esclama Aletheia, che già mette in pratica le conoscenze appena donatele da Chirone[8].

In breve i tre viandanti, che ormai si sentono quasi "forestieri della vita"[9] per l'appercezione[10] guadagnata in seguito alle loro avventure (ma che ancora molto hanno da imparare),

---

[4] Non si capisce come Chirone sappia di Aletheia. Tuttavia Eracle non è sorpreso, a differenza di Aletheia. Forse Chirone è abituato a leggere nelle stelle il futuro. Il suo legame con le stelle è molto forte…

[5] La dipartita di Chirone è quella di un santo laico che consola i suoi discepoli. In lui non c'è però sofferenza (a parte il dolore fisico): affronta con razionale serenità la morte. Ricorda Socrate che, in punto di morte, nella disperazione dei suoi discepoli, non fa cenno sulla sua triste fine; al contrario esorta Critone a "restituire" il gallo di cui è debitore ad Asclepio. Non dimentica dunque di onorare gli dei, come se quello fosse un giorno uguale agli altri.

[6] La luce è da sempre simbolo di sapienza e virtù.

[7] Chirone non poteva morire poiché immortale: ha scambiato allora la sua immortalità con la mortalità di Prometeo. Il titano aveva perso l'immortalità sfidando Zeus.

[8] Dall'incontro con Chirone Aletheia ha guadagnato nuove capacità scientifiche.

[9] È un concetto pirandelliano: chi, avendo vissuto un'esperienza fuori dalla normalità (per Pirandello, ad esempio, la pazzia), ritorna in sé e "capisce il giuoco" diviene "forestiero della vita". Osserva cioè con occhi nuovi e disincantati la realtà, in un'ottica straniata ed estranea alle convenzioni sociali.

raggiungono la Beozia e si ritrovano ai piedi dell'Elicona. Di fronte al luogo dove vivono le Muse, al tempio della cultura, Aletheia intona i primi versi del *Paradiso* della *Divina Commedia* spiegando ai compagni il loro significato:

> "La gloria di colui che tutto move
> per l'universo penetra, e risplende
> in una parte più e meno altrove.
>   Nel ciel che più de la sua luce prende
> fu' io, e vidi cose che ridire
> né sa né può chi di là sù discende;
>   perché appressando sé al suo disire,
> nostro intelletto si profonda tanto,
> che dietro la memoria non può ire.
>   Veramente quant'io del regno santo
> ne la mia mente potei far tesoro,
> sarà ora materia del mio canto.
>   O buono Appollo, a l'ultimo lavoro
> fammi del tuo valor sì fatto vaso,
> come dimandi a dar l'amato alloro.
>   Infino a qui l'un giogo di Parnaso
> assai mi fu; ma or con amendue[11]
> m'è uopo intrar ne l'aringo rimaso".

All'udir il suono di questi versi le Muse discendono dall'Elicona e incontrano la civetta che li ha pronunciati. Calliope, la prima in dignità poiché presiede la poesia epica, parla per tutte loro: "Aletheia, stavamo da tempo aspettando la tua visita. Hai dimostrato già in molte occasioni le tue vaste conoscenze. Vogliamo allora farti dono di una maggiore comprensione delle arti che noi presiediamo: d'ora in poi apprenderai con più facilità Poesia epica, lirica e d'amore, Storia, Tragedia, Commedia e Mimo, Danza e Astronomia. Saprai sicuramente fare buon uso delle tue nuove capacità!"[12].

---

[10] È un concetto kantiano, più "scientifico" e meno "letterario" del precedente. L'appercezione è la "consapevolezza di percepire", che si ricollega, se vogliamo, alla prospettiva del "forestiero della vita": quest'ultimo è colui che ha portato alle estreme conseguenze l'appercezione!

[11] Il Parnaso è un monte con due vette: il Citerone, consacrato ad Apollo e l'Elicona, consacrato a Dionisio. Dante sta pensando ad un altro monte, che si chiama anch'esso Elicona, ma è consacrato alle Muse. Aletheia si trova davanti a questo "secondo" Elicona.

[12] Dall'incontro con le Muse Aletheia ha guadagnato nuove capacità artistico-letterarie.

"Grazie, o Muse. Non posso che dirvi cose che già sapete, ma voglio comunque che la mia bocca esprima la mia ammirazione per voi descrivendovi un'opera di Raffaello (1483-1520), chiamata "Il Parnaso", che è la migliore celebrazione di voi Muse. Essa sarà realizzata sulle pareti della Stanza della Signatura dei Palazzi Pontifici tra il 1509 e il 1511. L'artista vi rappresenterà sul monte del dio che è vostra guida, Apollo. Sul Parnaso vi saranno anche molti poeti: Alceo, Petrarca, Virgilio, Omero, Stazio, Dante e Saffo sono solo alcuni. L'artista studierà accuratamente l'anatomia del corpo umano in modo da conferirvi una consistenza reale. Solo la rappresentazione di personaggi di epoche tanto diverse tra loro tradirà il realismo dell'opera. La nitidezza dell'atmosfera e la sensazione di vivacità intellettuale che l'opera trasmette renderanno l'affresco un'autentica celebrazione del Bello!".

"Siamo compiaciute della tua preparazione culturale. Ora però è tempo che tu lasci quest'epoca e i tuoi compagni di viaggio e prosegua la tua ricerca della Verità" continua Calliope. Poi aggiunge: "Devi sapere che noi Muse usiamo un varco nascosto tra le montagne per viaggiare nel tempo e raggiungere artisti e poeti di epoche diverse[13] da questa. In tal modo possiamo ispirarli nelle loro opere. Ti concederemo di usare questo passaggio[14] per proseguire nel tuo cammino".

---

[13] È il segno che le opere e i generi letterari si rinnovano, ma i fondamenti della mente su cui si basano restano immutati.

[14] Il Sentiero delle Muse ha una forte valenza epistemologica (passando dal campo artistico-letterario a quello scientifico). Si pensi, a tal proposito, alla veridicità dell'affermazione: "Tutti i corvi sono neri". Come sosteneva Hume, solo potendo osservare tutti i corvi esistiti, tutti quelli presenti oggi e tutti quelli che esisteranno in futuro, l'affermazione ha validità scientifica (induttiva). Consentendo di viaggiare nel tempo, il Sentiero delle Muse diventa il mezzo per garantire la validità induttiva (a livello ideale). E le Muse sono le garanti di tale validità essendo custodi del Sentiero. Aletheia si vede così assicurata da tale Sentiero la veridicità delle sue scoperte. Ella non osserva direttamente tutti i casi possibili, ma deduce dalla benevolenza divina delle Muse la validità della sua indagine. Essa si ricollega al discorso fatto da Prometeo che fungeva da "esortazione umanistica" della scienza (nota 12 capitolo III)

In quel momento una scossa simile a quella di un terremoto provoca lo spostamento dell'Elicona rispetto ai monti lì attorno. Aletheia si chiede quali siano l'intensità misurata dalla scala Mercalli e la magnitudo misurata dalla scala Richter di quel terremoto! È ora possibile scorgere un sentiero che si snoda tra le montagne ed emana una luce bluastra. Pertanto la civetta si congeda da Prometeo ed Eracle. Tutti sono un po' commossi. Il titano la saluta dicendole: "Il sentiero che si è aperto tra le montagne è impervio: solo chi davvero ama la conoscenza riesce ad orientarsi nella miriade di mulattiere che da quella principale si diramano. Il sapere ha infatti una sola radice, che è la curiosità umana. Poi però essa si concretizza in una miriade di arti e scienze diverse. La prima forma in cui esse si manifestano è il Mito[15]. Va' ora e, se vorrai seguire il mio consiglio, mantieniti sulla strada maestra che è la curiosità stessa. Non volare troppo a lungo, però: non appena vedrai un cipresso[16] a poche decine di metri dal punto in cui sei entrata appoggiati sui suoi rami. Ti ritroverai nei pressi di un'isola che ospita uno tra gli eroi più famosi e intelligenti: Ulisse. Ora egli è partito per la guerra di Troia: tu lo incontrerai tra vent'anni, poco dopo il suo ritorno a casa".

Aletheia ringrazia per i preziosi consigli Prometeo e imbocca l'apertura tra le montagne. Essa si richiude subito dietro di lei.

---

[15] Fondamentale è il discorso di Prometeo. Grazie ad esso Aletheia, dopo aver compreso i rapporti uomo-scienza (sempre nota 12 capitolo III) risale alle origini della scienza stessa e le trova nel Mito. La situazione è curiosa: Prometeo, un personaggio mitico, parla del Mito.

[16] Gli alberi sono ciò che permette di trasferirsi in un'altra epoca. Ciascuno conduce in un momento storico diverso, a cui è collegato per ciò che tradizionalmente rappresenta. Il cipresso, simbolo dell'oltretomba, si ricollega al destino di Ulisse di morire affogato nel suo ultimo viaggio oltre le colonne d'Ercole, come Dante racconta nel XXVI canto dell'Inferno.
Secondo la leggenda Apollo uccise per sbaglio un cervo che era stato allevato da un giovane di nome Ciparisso. Il giovane fu distrutto dal dolore per la perdita dell'amico animale. Così il dio lo trasformò in cipresso, rendendolo il simbolo della "corrispondenza d'amorosi sensi", come Foscolo definisce il valore affettivo delle tombe al verso 30 del "Dei Sepolcri".

Capitolo V
Metafisica, destino e magia: l'incomprensibilità dei "disegni" soprannaturali

La civetta si mantiene sul sentiero principale, ma non riesce a trovare il cipresso indicatole da Prometeo. Continua allora a volare sperando di non perdersi: d'altra parte non può neppure scegliere un albero a caso senza sapere dove andrebbe a finire. È però tutto molto strano: come può essersi sbagliata se gli dei hanno "disegnato" il suo percorso?

Il sentiero nel frattempo scende verso il basso e diviene sempre più ripido. In lontananza scorge delle fronde. Non capisce come un albero possa crescere su un terreno così ripido. Man mano che si avvicina si rende conto che quell'albero è enorme e che non è esso ad affondare le radici per terra, ma è la terra ad appoggiarsi all'albero…

Scavando nella sua mente ricorda un albero di nome Yggdrasill[1], forse un frassino o una quercia. Yggdrasill sorregge con i suoi rami i nove mondi esistenti nell'universo: Ásaheimr, mondo degli Æsir, Álfheimr, mondo degli elfi, Miðgarðr, mondo degli uomini, Jötunheimr, mondo dei giganti (*Jötunn*), Vanaheimr, mondo dei Vanir, Niflheimr, mondo del gelo (o della nebbia secondo altre versioni), Múspellsheimr, mondo del fuoco, Svartálfaheimr, mondo degli elfi oscuri e dei nani ed Hel, mondo dei morti.

Ora quell'albero è lì, davanti a lei! È talmente alto da non riuscire a vederne la base[2]: chissà dove affonda le sue radici! Aletheia ricorda l'indiano immaginato da Locke:

> "Se qualcuno chiederà che cosa è il supporto al quale il colore o il peso ineriscono, si risponderà che tale supporto sono le parti estese e solide; se si domanderà a che cosa ineriscono la solidità e l'estensione, non si potrà rispondere che come il saggio indiano al quale, dopo avere affermato che il mondo è sostenuto da un grande elefante, fu richiesto su che cosa l'elefante poggiasse; egli rispose: su una grande tartaruga; ma essendogli ancora domandato quale appoggio avesse la tartaruga rispose: *su qualcosa che io non conosco affatto*. L'idea alla quale noi diamo il nome generale di "sostanza" non è altro che tale supposto ma sconosciuto sostegno delle qualità effettivamente esistenti". (J. Locke, *Saggio sull'intelletto umano*, II, cap. XXIII)

Aletheia è molto stanca e affamata[3]. Vede lì un topolino che scorrazza qui e là; gli si avventa addosso e lo divora. Poi decide di appollaiarsi su un Ginkgo Biloba[4] che è subito sopra al punto

---

[1] È un profetico elemento mitico proveniente dalla mitologia nordica…

[2] È un segno iniziale dell'inconoscibilità della Verità, anche se Aletheia non se ne rende ancora conto o, al massimo, lo intuisce solo a livello filosofico, senza comprendere le conseguenze pratiche di questo fatto.

[3] Un'altra stranezza della situazione oltre all'incapacità di Aletheia nel trovare il cipresso.

[4] È una tra le specie arboree più antiche sulla terra. Rappresenta dunque un'"essenza" che fin dalle origini del cosmo è presente nell'universo e della quale Aletheia si rende conto solo ora: il Destino.

in cui ha consumato il suo pasto. Dimentica che appoggiarsi su un albero comporta il trasferimento spazio-temporale. Infatti, non appena tocca i rami dell'albero si accorge di essere uscita dal sentiero delle Muse e di essere tornata nel mondo umano: non vede più la strada che stava percorrendo e neppure vede più Yggdrasill. La sua attenzione è attratta da una strana creatura appollaiata su una roccia. Essa ha corpo di leone, ali di aquila e volto di donna. È la Sfinge! Si avvicina in quel punto anche un giovane uomo. Aletheia si appropinqua al sentiero lungo il quale si trovano la Sfinge e il giovane. Se non è tratta in errore, quest'ultimo è Edipo. "Se ora risolverà l'enigma della Sfinge, avrò la certezza che è colui a cui ho pensato!" ragiona Aletheia. Subito dopo si accorge di essere tornata indietro nel tempo e di non trovarsi in un'epoca successiva alla precedente.

Il giovane si avvicina e immediatamente la Sfinge annuncia: "Potrai proseguire nel tuo cammino solo se risolverai il mio enigma; altrimenti morirai".
"Come vuoi tu, visto che non ho altra scelta…" risponde il viandante.
"Qual è quell'animale che ha quattro gambe al mattino, due gambe a mezzogiorno e tre gambe la sera?"
Prontamente l'altro risponde: "È l'uomo: da bambino cammina su mani e piedi, da adulto procede sulle due gambe, da vecchio si appoggia ad un bastone".
La Sfinge non può sopportare l'affronto subito (nessuno è mai riuscito a risolvere l'enigma) e si getta nel burrone che la roccia su cui si appoggia sovrasta.

"Dunque tu sei Edipo, vero?" interviene Aletheia planando verso il giovane.
"Sì, chi mi conosce?" risponde Edipo.
"Sono Aletheia, una civetta cui uomini e dei hanno affidato il compito di ricercare la Verità attraverso un viaggio nel tempo. In breve vengo dal futuro e osservo le azioni di voi uomini antichi per comprendere le radici dell'animo umano".
"Il mio viaggio si fa sempre più strano: nel cammino ho incontrato il cocchio di un uomo che non mi ha dato la precedenza. Ne è nata una zuffa e l'ho ucciso per sbaglio. Ora incontro prima uno strano animale che mi propone uno stupido indovinello, poi una civetta parlante che mi racconta di avere un incarico divino da compiere. Bah, addio e buona fortuna, non ho tempo da perdere!"[5].
Così Aletheia rimane ancora una volta sola, per di più piantata da un ragazzaccio che non le crede! Prima di andarsene lancia un ultimo grido a Edipo: "Tranquillo, un giorno ti sarà chiaro tutto ciò che ti sta accadendo!".

---

[5] Per la prima volta nel suo viaggio Aletheia incontra un individuo che non le crede. Edipo non è né un dio, né un titano, né un eroe, né un sapiente. Da semplice uomo non può capire certe "armonie prestabilite". Eraclito lo definirebbe un "dormiente", un "non desto" (o "non filosofo"). Edipo diviene dunque l'allegoria dell'uomo comune che non attinge alla Verità.

"Strano quel ragazzo; – pensa poi tra sé e sé – mi chiedo perché gli dei abbiano voluto che lo

 incontrassi. Forse per farmi capire il potere incontrastabile del Destino[6]… Mi viene in mente la pittura metafisica[7] di Giorgio de Chirico (1888-1978). Tra l'altro questo artista realizzò nel 1968 proprio un'opera i cui protagonisti erano Edipo e la Sfinge. I personaggi e il luogo in cui si trovano sono geometricamente delineati da un tratto deciso e i colori sono omogenei. Esiste, secondo l'artista, una realtà diversa, che va oltre ciò che vediamo. Gli oggetti manifestano un nuovo significato che sorprende. Esso però può non essere accessibile: infatti Edipo è senza un volto ben definito. Come ogni uomo, racchiude in sé la sua esperienza e il suo destino: forse per questo vediamo disegnata sul suo ventre una città, probabilmente Tebe. De Chirico non vuole però ricorrere all'inconscio per descrivere la realtà metafisica. Chi ricorre a Edipo per spiegare un aspetto dell'inconscio è invece Sigmud Freud (1856-1939). Il fondatore della psicologia scientifica usa infatti il mito che coinvolge questo personaggio per spiegare i rapporti tra figli e genitori. Tali rapporti sono racchiusi nel cosiddetto *complesso di Edipo*".

Sopraggiunge nel frattempo un vecchio. Aletheia lo riconosce: è l'indovino Tiresia. I due si presentano: quest'uomo finalmente crede a quanto la civetta gli dice riguardo alla sua missione[8]. Per ringraziarlo gli racconta quanto le è accaduto dall'incontro con le Muse a quello con Edipo[9] e decide in più di svelargli la fine di quel giovane: "Edipo è figlio di Laio e Giocasta, re e regina di Tebe. Laio ricevette però una terribile profezia: il figlio avrebbe ucciso il padre e sposato la madre. Fu allora abbandonato quando era ancora in fasce sul monte Citerone con una lancia conficcata nei piedi".

"Questo lo sapevo, è Storia[10], vai al dunque" risponde Tiresia.

"Dei pastori lo salvarono e lo consegnarono a Polibo e Merope, sovrani di Corinto. Gli diedero il nome di Edipo, che significa "dai piedi gonfi". Quando ormai adulto Edipo si recò a Delfi e

---

[6] Ecco l'atavica "essenza" di cui si parlava alla nota 4 di questo capitolo.

[7] Il Destino è una forza metafisica: neppure nella mitologia greca ha un dio che la rappresenti. Esso muove direttamente l'opera delle Parche e neppure gli dei possono cambiarlo, ma solo provvisoriamente contrastarlo (come fa Giunone ponendo pericoli e insidie sul cammino di Enea per ritardare la fondazione di Roma).

[8] Crederà per intervento divino, per saggezza sua personale o per un altro motivo?

[9] È un atteggiamento tipicamente umano: sfogarsi sugli altri per attenuare l'inquietudine che certe preoccupazioni ci provocano!

[10] Paradossalmente la realtà mitica della vicenda viene chiamata da Tiresia "Storia"!

venne a sapere della stessa profezia ricevuta da Laio decise di non tornare più a Corinto per evitare che si avverasse. Pensava infatti che i suoi veri genitori fossero Polibo e Merope. Ma il destino fu come al solito incontrastabile. Riuscendo a risolvere l'enigma della Sfinge, apparentemente Edipo sembra un "homo faber fortunae suae[11]": in realtà è in preda alle decisioni del fato come tutta la sua famiglia[12]. Nella fuga da Corinto a Tebe uccide infatti il padre, cioè l'uomo di cui ha parlato con me. Quando giungerà a Tebe gli verrà data in sposa la moglie di Laio, cioè sua madre Giocasta (giusto premio, insieme al regno, per colui che sconfisse la Sfinge)".

"*Incredibile*[13]!" annuncia Tiresia, con gli occhi pieni di meraviglia.

"Verrà a sapere del compimento del volere del destino quando Tebe sarà colpita da un'implacabile pestilenza. L'oracolo gli dirà che l'epidemia potrà finire solo quando si esilierà l'assassino di Laio. Non riuscendo ovviamente neppure a trovarlo, Edipo ti chiamerà e tu gli rivelerai quanto io ti ho raccontato. Allora comprenderà la forza del destino e si ricorderà di me. Capirà che non l'ho preso in giro!".

"E poi che accadrà[14]?" chiede Tiresia.

"Poi Giocasta si impiccherà, Edipo si accecherà e inizierà a vagare a lungo insieme alla figlia Antigone. Sarà poi accolto per riposare in eterno a Colono, nel bosco sacro delle Erinni, le dee punitrici dei delitti di famiglia".

Ora Tiresia prende la parola: "Grazie, Aletheia, per il tuo racconto. Per aiutarti a riprendere il tuo viaggio ti svelerò il modo di ritornare nel sentiero delle Muse".

"Dunque tu…[15]" mormora Aletheia.

"Sì, uso il sentiero per vedere altre epoche. Mi appassiona tanto il tempo da cui tu provieni. Vi sono molte tecnologie affascinanti, anche se non sempre l'uomo sa adoperarle per far trionfare il bene, anzi[16]… Ti rivelerò anche che ho visto la tua creazione e ti ho osservata mentre iniziavi il tuo viaggio. Desideravo incontrarti, ma le lotte tra dei e titani appartengono ad un'epoca troppo lontana e un salto temporale così grande mi avrebbe distrutto. Non sono immortale come *te*, Aletheia".

---

[11] Ecco il contrasto tra intraprendenza umana (espressa dal famoso motto di Appio Claudio Cieco, vissuto tra il 350 e il 271 a.C.: la cecità da cui deriva il suo cognome gli fu provocata, secondo la leggenda, dagli dei poiché volle unificare il pantheon greco-romano con quello celtico e germanico) e potere del destino. Molti autori, Machiavelli e Guicciardini tra gli altri, hanno ragionato sui rapporti tra i due opposti.

[12] Aletheia pensa che il Destino sia preponderante nella vita umana.

[13] Tiresia fa questa esclamazione non poichè sorpreso dalle rivelazioni di Aletheia, ma per un altro motivo…

[14] Tiresia si prende un po' gioco di Aletheia…

[15] Ecco la rivelazione: l'indovino conosce il Sentiero delle Muse, dunque il modo di viaggiare nel tempo. Ciò implica, come si vedrà, importanti conseguenze.

[16] È la seconda critica alla società moderna presente nel testo. La prima è stata commentata nella nota 23 del capitolo III.

"Ma io non sono immortale!" esclama la civetta.

"*Fortisan eris*[17]! A ogni modo, il territorio dove si trova Prometeo è troppo impervio e io non potevo ancora raggiungerti. Ho provato a trovare la pianta che rappresentasse la morte di Chirone, ma ho sbagliato e mi sono trovato alle Termopili nel momento in cui morì Leonida. Non potevo intercettarti mentre incontravi le Muse poiché esse non sono molto contente[18] che io usi il loro sentiero e mi avrebbero sicuramente imprigionato. Solo ora sono riuscito a incontrarti. Anzi, a dire il vero io ti ho sviata mentre cercavi il cipresso che ti avrebbe condotta da Ulisse".

"Sai che dovrei essere arrabbiata, ma penso che è merito tuo se ho visto Yggdrasill e quindi non lo sarò!".

"Esatto, sapevo che ti eri accorta che c'era qualcosa di strano[19] nel tuo cammino nel sentiero delle Muse!".

"Solo una cosa non capisco – lo interrompe Aletheia – perché hai ascoltato la storia di Edipo e mi hai addirittura chiesto la fine, se già la conoscevi?"

"Dimmi come parli e ti dirò chi sei: volevo conoscerti *prima della fine del tuo viaggio*[20]. Comunque, per tornare nel sentiero devi mangiare alcuni frammenti di foglie d'alloro mischiate con foglie di edera[21]. Poi dovrai appollaiarti sull'albero che ti rappresenta, l'ulivo[22]. Ti riapparirà il sentiero!"

"Per curiosità, qual è l'albero che ti rappresenta?".

---

[17] L'espressione è ripresa e riadattata dalla Lettera 47 sulla schiavitù dell'epistolario di Seneca. Il filosofo esorta il discepolo Lucilio a trattare umanamente i suoi schiavi. Qualora sorgesse la necessità di infliggere una punizione ad uno schiavo Lucilio dovrà tenere conto del fatto che qualsiasi violenza che si permette di infliggere è permessa al suo padrone (di Lucilio) verso di lui. Seneca immagina allora che Lucilio lo contesti affermando di non avere nessun padrone ("At ego – inquis – nullum habeo dominum). Seneca ribatte affermando che un giorno potrà averlo: "Fortisan habebis" ("Forse lo avrai"). Ecco la frase da cui è ripreso il "Fortisan eris!" del testo. Tiresia dice ad Aletheia che forse un giorno sarà immortale: che l'indovino conosca il futuro?

[18] È una litote usata da Tiresia per attenuare la rabbia che le Muse provano verso il "profanatore" del loro Sentiero.

[19] Ora si comprende perché Aletheia non ha trovato il cipresso e si sentiva stanca: c'era lo zampino di Tiresia! Appariva strano che un essere intelligente come la civetta e benedetto dagli dei non trovasse la strada da percorrere.

[20] Che Tiresia abbia già visto l'esito del viaggio di Aletheia?

[21] L'alloro è simbolo di Apollo, l'edera di Dionisio. Ricordando che Nietzsche (1844-1900) afferma, ne "La nascita della tragedia greca dallo spirito della musica. Ovvero: grecità e pessimismo" (1872), che la comprensione umana del mondo avviene tramite spirito apollineo (razionalità) e spirito dionisiaco (sentimento), si capirà che le due piante rappresentano allegoricamente la totalità del reale per come esso è compreso dall'uomo.

[22] L'ulivo è l'albero sacro ad Atena, come la civetta è uno dei suoi simboli. Pertanto l'ulivo simboleggia anche Aletheia, che è una civetta.

"Oh, io non sono rappresentato da un intero albero, ma dall'unica foglia viola del fico[23] che troverai appena entrata nel sentiero, proprio vicino al tuo ulivo! Per tornare sul sentiero maestro vai sempre dritta finché la strada non si allargherà. Sul bivio troverai il cipresso. Prima non lo vedevi poiché io te l'avevo nascosto!".

"In che modo?" chiede Aletheia.

"Questo te lo dirò *la prossima volta che ci incontreremo*[24]! Ora vai, addio!" risponde enigmaticamente Tiresia...

---

[23] Il fico è un altro simbolo di Atena e della conoscenza. Platone lo ritiene amico dei filosofi. Per questo Tiresia è uno delle sue tante foglie, poiché è un filosofo, seppur "sui generis". Infatti la foglia che lo rappresenta ha un colore diverso, il viola. Esso è tipico delle foglie di fico che stanno seccando. Allo stesso modo Tiresia è un po' "forestiero della vita" (si riveda la nota 9 del capitolo IV per la spiegazione di questo concetto). Solo i personaggi più importanti, come dei ed eroi, sono rappresentati da un intero albero. Un esempio è Aletheia.

[24] I due si incontreranno di nuovo?

Capitolo VI
L'esaltazione dell'intelligenza umana: Ulisse, l'eroe in continua ricerca della Verità

Aletheia compie il rito prescrittole da Tiresia, torna nel sentiero delle Muse, vede la foglia viola del fico, trova il cipresso e si appoggia sui suoi rami. Si ritrova a Itaca.

Oltre a conoscere Ulisse poiché *bello di fama e di sventura*[1], cioè famoso per lo stratagemma del cavallo di legno con cui i Greci vinsero la guerra di Troia e per i pericoli affrontati tornando a casa, ne ha sentito parlare in molte altre opere della letteratura. Molti poeti infatti si sentono come Ulisse. Racchiudendo in sé così tanti aspetti dell'umanità (intelligenza, astuzia, fermezza, coraggio, ecc.) ciascuno può ritrovarsi almeno in uno di questi.

Aletheia ricorda ad esempio che Umberto Saba (1883-1957) si identificava nella tensione verso l'ignoto propria dell'eroe greco nella poesia intitolata "Ulisse"[2]:

> Nella mia giovinezza ho navigato
> lungo le coste dalmate. Isolotti
> a fior d'onda emergevano, ove raro
> un uccello sostava intento a prede,
> coperti d'alghe, scivolosi, al sole
> belli come smeraldi. Quando l'alta
> marea e la notte li annullava, vele
> sottovento sbandavano più al largo,
> per fuggirne l'insidia. Oggi il mio regno
> è quella terra di nessuno. Il porto
> accende ad altri i suoi lumi; me al largo
> sospinge ancora il non domato spirito,
> e della vita il doloroso amore.

I critici sostengono che questo componimento sia il "testamento spirituale" del poeta. Nella sua vita egli si è sentito come Ulisse, un uomo che ha privilegiato la ricerca anche a costo di mettersi contro gli altri. Molti non lo hanno compreso e sono divenuti suoi nemici. Il paesaggio marino descritto nella poesia simboleggia, nella sua concretezza, tutto il percorso vitale del poeta. Il mare è il luogo inesplorato nel quale il giovane Ulisse si addentra; così in gioventù il poeta si affaccia sul mondo. Nel corso della navigazione l'eroe greco ha dovuto saper evitare gli scogli proprio come il poeta ha dovuto scappare da molti pericoli.

---

[1] Ugo Foscolo (1778-1827), "Odi e Sonetti", "A Zacinto" (1802-1803), verso 10.
[2] Umberto Saba, "Canzoniere".

Anche se ormai non sono più giovani, Ulisse e Saba sentono ancora il "non domato spirito" che li spinge al largo e provano il "doloroso amore" per la vita. Amano la vita, ma sanno che in essa c'è anche sofferenza.

Aletheia arriva proprio nel momento in cui il "non domato spirito" si sta facendo sentire in Ulisse. Vede infatti una nave che viene preparata per salpare da una moltitudine di uomini. Avvicinatasi, la civetta sente un uomo che chiede spiegazioni ad un marinaio e scopre che Ulisse vuole salpare per un ultimo viaggio di esplorazione prima che sia troppo vecchio.

"Dunque ciò che Dante scrive è quasi vero[3]!" pensa la civetta. Ma subito dimentica Dante e la sua mente è attratta da immagini strane, che le presentano un Ulisse trasfigurato, decontestualizzato dall'epoca in cui si trova. Tuttavia quell'opera che le è venuta in mente si intitola davvero "Ulysses" (1922). Pian piano le parole che descrivono le diciotto scene del romanzo scritto da James Joyce (1882-1941) si fanno più chiare ed ecco che...

... [4]she can see the Jew Leopold Bloom, the modern Ulysses, wandering in Dublin. He's living his Odissey: his daily business takes him to various parts of the city. He goes to a Catholic Church, to a funeral, to a newspaper office and to the National Library where he meets Stephen Dedalus. Stephen is a young artist who has rejected his father and is in search of a paternal figure. He represents Telemachus, Ulysses' son in Homer's Odyssey.

The story only lasts one day. In fact at the end of the same day Leopold meets Stephen again in a brothel and rescues him from a fight. Stephen's new paternal figure takes him home. Molly, Leopold's wife who represents Penelope, is already in bed. The three are momentarily united but Stephen refuses Bloom's invitation and goes away to meet his uncertain future. This is the end of the day and of the novel.

Just like Ulysses, Leopold has to face up to a lot of different situations and finds himself in many different places. But Ulysses' voyage is much longer than Leopold's. Anyway, the hero and the anti-hero share the same kind of difficulties in achieving their aims: Ulysses is hindered by the Gods, while Leopold suffers the discrimination and the cruelty of a paralysed society.

But there is a substantial difference between the two literary works: Homer's "Odyssey" is based on the events that happen to Ulysses and on his actions; Joyce's "Ulysses" is based on the interior analysis of the characters through the reports of their thoughts. In fact the "stream of consciousness" is dominant in the work. In a paralysed society acting is completely irrelevant.

---

[3] Dante immagina, nel XXVI canto dell'"Inferno" che Ulisse non sia neppure tornato a casa dopo la guerra di Troia, ma abbia proseguito direttamente il viaggio verso le colonne d'Ercole. Aletheia scopre invece che è tornato a casa, ma è ripartito per un'altra, ultima avventura.

[4] Per la seconda volta Aletheia fa uso dell'abilità risvegliata in lei da Prometeo: la comprensione dell'Inglese.

Ancora una volta Aletheia ha parlato in Inglese. Ma ecco che arriva Ulisse. Tutto è ormai pronto per la partenza. Gli uomini si preparano ad uscire dal porto dato che il vento è favorevole. Aletheia si posa sull'albero della nave. Un marinaio tenta di allontanarla con un remo.

"Ti do fastidio?" chiede la civetta. Tutti i marinai sobbalzano: come fa quell'animale a parlare[5]?

Ulisse, che dalla prua guarda il mare cercando, come dicono i suoi uomini, chissà quali geometriche corrispondenze[6], si volta e corre verso l'albero: "Chi sei, come ti chiami?".

Ancora una volta Aletheia si presenta, speranzosa di essere creduta.

"Ora capisco – riprende Ulisse – cosa voleva dire Atena quando nel sogno mi diceva di cercare la Verità. Aletheia… Verità[7]! Accompagnaci nel viaggio, ci sarai d'aiuto! Nel frattempo ti racconterò la fine degli altri eroi che hanno partecipato alla guerra di Troia".

"Atena gli è davvero apparsa in sogno, ha anticipato la mia domanda" pensa Aletheia.

Così escono dal porto e dopo aver stabilito la rotta da seguire l'eroe inizia il suo racconto: "Molti valorosi guerrieri hanno combattuto nella guerra di Troia, alcuni sono morti in battaglia, pochi sono riusciti a tornare a casa. Agamennone, capo supremo della spedizione, è stato ucciso

dalla moglie Clitennestra e dall'amante di lei Egidio. Achille, dopo aver vendicato la morte di Patroclo avvenuta per mano di Ettore, è stato colpito al tallone da Paride. Aiace Telamonio si è gettato sulla spada donatagli da Agamennone per la vergogna dei suoi gesti dovuti alla pazzia provocatagli da Atena. Aiace d'Oileo è morto affogato perché ha ritenuto di essersi salvato dal mare in tempesta senza l'aiuto di Poseidone. Oltre a me, solo Diomede e Menelao possono vedere ancora la luce del Sole. Gli dei hanno voluto la morte di tutti gli altri. *Tantae animis coelestibus irae[8]!*".

"Francesco Hayez (1791-1882) rappresenterà in una sua opera, "Aiace d'Oileo" (1822), la morte dell'eroe che hai menzionato.

---

[5] Ecco gli uomini comuni che, come Edipo, non comprendono l'eccezionalità di Aletheia.

[6] Le corrispondenze dell'omonimo componimento di Baudelaire (1821-1867; "Corrispondenze", da "I fiori del male", 1857) vengono qui definite "geometriche", come se esistesse un disegno divino metafisico su base Matematica.

[7] Come il nome di Ulisse può essere ricondotto, per assonanza, alla parola "nessuno", così Aletheia ha il nome stesso della Verità.

[8] Si riveda la nota 2 del capitolo III.

Lo stile romantico del pittore evocherà l'ira degli dei e la potenza della natura che si è accanita contro l'arrogante[9] guerriero. In questo caso la punizione divina ha esaudito l'orribile[10] desiderio di molti che lo odiavano!".

"Voglio farti una domanda: un giorno anch'io sarò protagonista di opere d'arte[11]?".

"Certo, e non solo. Anche nella Letteratura e nella Filosofia il tuo nome ricorrerà spesso. Diverrai il simbolo della ricerca, dell'insaziabile desiderio umano di conoscenza, dell'astuzia. Restituirai l'umanità a chi stava per perderla, come Primo Levi[12], un uomo che subirà l'ira e la pazzia di un *messo infernale*[13], ira peggiore di quella di qualsiasi divinità. Ora, dimmi, dove vuoi andare?".

"Voglio varcare le Colonne d'Ercole e raggiungere i confini del mondo. Se non dovessimo sopravvivere, scappa. Atena mi ha detto di assicurare la tua sopravvivenza. La tua missione è troppo importante. L'ultima cosa che ti devo dire è di cercare i Filosofi. Ormai hai scoperto molto su dei ed eroi. Solo i Filosofi possono insegnarti ancora qualcosa. Quando tutto sarà perduto troverai la strada che ti condurrà da loro. Io, oltre a saziare definitivamente la mia sete di conoscenza, ti condurrò su quella strada. Dovrò tuttavia convincere prima i miei compagni a seguirmi in questo che potrebbe essere l'ultimo *folle volo*:

> "O frati", dissi, "che per cento milia
> perigli siete giunti a l'occidente,
> a questa tanto picciola vigilia
>   d'i nostri sensi ch'è del rimanente
> non vogliate negar l'esperïenza,
> di retro al sol, del mondo sanza gente.
>   Considerate la vostra semenza:
> fatti non foste a viver come bruti,
> ma per seguir virtute e canoscenza".
>   Li miei compagni fec' io sì aguti,

---

[9] In più occasioni Aiace d'Oileo dette prova della sua arroganza ed empietà: ferì in battaglia alcune divinità accorse in aiuto dei Troiani, trucidò molti nemici, violentò Cassandra vicino all'altare di Atena, ecc. Tornando a casa naufragò, ma Poseidone impietosito fece in modo che riuscisse ad aggrapparsi ad uno scoglio. L'eroe credette però di essersi salvato con le sue sole forze. Poseidone lo fece allora affogare.

[10] Per quanto un uomo commetta azioni nefaste desiderare il male per tale individuo è sempre negativo.

[11] Ecco il "fatti non foste a viver come bruti": Ulisse vuole sapere se la sua fama e la sua brama di "canoscenza" saranno ricordate!

[12] In un passo di "Se questo è un uomo" (1947) Primo Levi (1919-1987) descrive il canto di Ulisse ad un compagno di prigionia francese. La letteratura gli ridona l'umanità che i Nazisti volevano eliminare dai prigionieri e alimenta il suo attaccamento alla vita.

[13] L'espressione è ripresa da Eugenio Montale (1896-1981), "La primavera hitleriana", facente parte della raccolta "La bufera e altro" pubblicata nel 1956.

con questa orazion picciola, al cammino,
che a pena poscia li avrei ritenuti;

    e volta nostra poppa nel mattino,
de' remi facemmo ali al folle volo,
sempre acquistando dal lato mancino.

    Tutte le stelle già de l'altro polo
vedea la notte, e 'l nostro tanto basso,
che non surgëa fuor del marin suolo.

    Cinque volte racceso e tante casso
lo lume era di sotto da la luna,
poi che 'ntrati eravam ne l'alto passo,

    quando n'apparve una montagna, bruna
per la distanza, e parvemi alta tanto
quanto veduta non avëa alcuna.

    Noi ci allegrammo, e tosto tornò in pianto;
ché de la nova terra un turbo nacque
e percosse del legno il primo canto.

    Tre volte il fé girar con tutte l'acque;
a la quarta levar la poppa in suso
e la prora ire in giù, com' altrui piacque,

    infin che 'l mar fu sovra noi richiuso"[14].

La nave sta iniziando ad affondare e Aletheia è pietrificata dalla paura. Non c'è terra attorno a loro. "Non posso neppure salvarmi sulla montagna del Purgatorio, non è ancora tempo e non è una tappa del mio viaggio…[15] – pensa la civetta – gli dei m'hanno guidata finora, mi guideranno anche stavolta[16]". E infatti il segno divino arriva anche in quest'occasione, proprio da Ulisse. Mentre sta ormai affondando insieme alla nave l'eroe grida: "Guarda là, sott'acqua, quella luce! Segui la luce e trova i Filosofi!".

---

[14] La narrazione è affidata agli ultimi versi del XXVI canto dell'"Inferno" della "Divina Commedia", dal 112 al 142.

[15] Il viaggio di Aletheia non sfocia nel trascendente. Approdare alla montagna del Purgatorio significherebbe accettare la trascendenza della religione Cristiana. Il percorso della civetta si basa invece sull'uomo e su quelle religioni immanenti (dunque molto vicine alla realtà umana) come quelle pagane.

[16] Aletheia sembra presentare una sorta di fede nella "Divina Provvidenza".

"Grazie, Ulisse! Mi ricorderò per sempre di te[17]!". E con queste parole Aletheia inspira come mai aveva fatto prima e si tuffa sott'acqua in direzione di quella luce. La forza d'Archimede la spinge verso l'alto e deve usare sempre più energia per inabissarsi…

---

[17] Aletheia ha incontrato un uomo di appercezione (vedere nota 10, capitolo IV) eccezionale, più grande di quella di molti altri dei ed eroi. Per questo non potrà dimenticarlo.

Capitolo VII
Il Mito come archè della Filosofia

Sta quasi per cedere quando la forza d'Archimede si inverte e la spinge apparentemente verso il basso. Invece dopo poco emerge in quello che sembra il fondo d'un pozzo. Vicino a lei si trova un uomo che subito le dice: "Stavo guardando il cielo e sono finito qui dentro, caro simbolo d'Atena!".

"Mi conosci?" chiede Aletheia, un po' sorpresa.

"No, chi sei? Ma tu parli, perbacco!" esclama quell'uomo. Dipoi continua "Be', intanto cerchiamo di uscire, poi continuiamo la nostra chiacchierata un po' più all'asciutto!".

L'uomo s'arrampica aggrappandosi alla corda e alle pareti del pozzo. Aletheia vola e insieme tornano in superficie come i ricordi di Montale (1896-1981) della poesia "Cigola la carrucola del pozzo" (1924). Fortunatamente i due non piombano però nell'oscurità del fondo appena arrivati in superficie[1]!

Finalmente all'asciutto si presentano l'un l'altra. L'uomo si chiama Talete, il primo vero rappresentante della Filosofia greca: "Ora posso esser certo che l'archè sia l'acqua[2], dato che tu sei emersa da essa all'improvviso!".

"E già!" conferma Aletheia.

"Dunque tu sei venuta da me perché io t'insegni qualcosa di nuovo. Ti posso dire soltanto: conosci te stessa! Parti da te per comprendere ciò che ti sta attorno. Così facendo io sono giunto alla conclusione, giusta o sbagliata che sia, che l'acqua è il principio di tutta la realtà! L'importante è proseguire positivamente la ricerca, rispettando l'umanità che è in noi e negli altri!".

"Capisco adesso perché tu sei ritenuto il primo dei Sette Savi e di tutti i Filosofi. Anzi, sei colui che ha dato alla luce la Filosofia stessa!".

"Hai quasi ragione. In realtà penso però che la Filosofia non nasca da me, ma dalla mia formazione giovanile, che si è basata sui miti. Sì, la Filosofia nasce dal Mito. Il primo vero tentativo di risposta, la base di ogni interpretazione dei fenomeni naturali è il Mito[3]".

"Giusto!" risponde Aletheia, come se avesse avuto un'illuminazione. Già Prometeo le ha detto una cosa simile, ma a quel tempo la sua mente non era ancora pronta a capirla del tutto[4].

---

[1] I ricordi di Montale invece tornavano subito nell'oscurità.

[2] I Filosofi della scuola ionica di Mileto, di cui Talete (vissuto a cavallo fra VII e VI secolo a.C.) è fondatore (e, in generale, i primi Filosofi della storia della Filosofia), si occuparono della ricerca dell'"archè" o "principio" del mondo. Talete lo identificò nell'acqua.

[3] Le profonde riflessioni fatte da Talete conducono Aletheia a comprendere la necessità della ricerca e a scoprire che la Filosofia è nata dal Mito.

[4] La maggiore esperienza di Aletheia e il confronto con nuovi personaggi le consentono di riesaminare meglio concetti già scoperti in precedenza.

Ringrazia Talete per le preziose riflessioni che le ha donato e parte per la successiva tappa del viaggio[5].

Ora sa da sola chi deve cercare: l'uomo più giusto, Socrate[6]. Non sa però come raggiungere l'epoca in cui il Filosofo visse. Adesso si trova all'incirca nel 600 a.C. Deve arrivare alla fine del V secolo a.C. ad Atene. Finalmente capisce dove troverà il varco temporale: "Devo cercare i Filosofi; ho trovato Talete; i pensatori della sua scuola si riuniscono a Mileto nella stoà; andrò nella stoà".

Con un breve volo raggiunge la città di Mileto, attraversa l'agorà e il portico sorretto da colonne doriche della stoà. Entra nella struttura e vede una serie di strani bassorilievi che formano una cornice attorno a tutta la stanza, al di sopra dei pilastri portanti. Alcuni sono già completamente realizzati, altri sono solo lastre non ancora neppure sbozzate.

In quelli già completi si possono vedere mercanti, artisti e gli uomini della scuola ionica di Mileto: Talete e Anassimandro. Aletheia rimane là in contemplazione di quelle lastre che rappresentano i padri di tutto il Pensiero occidentale. Prova una grande emozione: in quel luogo è nata la Filosofia stessa! La società coloniale di origine ateniese e il confronto con le popolazioni già presenti nelle zone colonizzate hanno conferito vivacità culturale a città quali Efeso, Samo e Mileto.

Improvvisamente iniziano a comparire nuovi bassorilievi, come se una mano invisibile li stesse scolpendo partendo dall'ultimo, quello di Anassimandro, e procedendo verso destra[7]. Ecco che compaiono Anassimene la cui veste è mossa dal vento, Pitagora che parla ai suoi allievi, Eraclito e il fuoco, Senofane in mezzo a molti animali, Parmenide e la sfera, Zenone con la tartaruga, Empedocle e uno scudo quadripartito, Anassagora che tiene in mano una spiga di grano, Democrito che ha in un sacchetto piccole sfere. Nel penultimo bassorilievo appaiono Protagora e Gorgia, che tengono in mano l'uno un bicchiere mezzo pieno, l'altro uno mezzo vuoto[8].

---

[5] Il dialogo con Talete è stato breve, ma intenso e filosoficamente prolifico.

[6] Aletheia "si è appropriata" del viaggio. In precedenza gli dei la guidavano e sembrava che ella non avesse possibilità di scelta. Ora invece tale scelta è presente e coincide con la volontà divina: per questo è così decisa.

[7] La realizzazione dei bassorilievi procede in modo cronologico, da sinistra a destra.

[8] Ogni Filosofo è accompagnato da un elemento che rappresenta la sua speculazione. Anassimene sosteneva che l'archè fosse l'aria. Pitagora fondò una scuola-setta filosofica. Eraclito vedeva nel fuoco l'archè. Senofane criticava l'antropomorfismo divino sostenendo che fosse una concezione puramente umana: se gli animali potessero immaginare gli dei, li vedrebbero simili a loro! Parmenide dava al mondo forma sferica. Zenone elaborò l'argomento di Achille e la tartaruga in difesa di Parmenide. Empedocle riteneva che l'archè fosse costituito da quattro radici (acqua, aria, terra e fuoco) mossi da amore e odio. Anassagora pensava che le unità costitutive delle sostanze fossero semi molto piccoli, ma concettualmente simili a quelli del grano. Democrito è colui che ha donato alla scienza il concetto

Aletheia vede nell'ultima lastra affiorare un uomo in piedi in mezzo ad una piazza, circondato da una moltitudine di discepoli. L'uomo è avvolto da un'aura di luce[9].

---

filosofico di atomo, concependolo come una piccola sfera. Protagora e Gorgia sono due sofisti. I sofisti ritengono che la Verità sia inconoscibile e che qualsiasi concetto possa essere valido se la capacità oratoria convince della sua validità. Per questo il bicchiere per l'uno è mezzo pieno e per l'altro è mezzo vuoto!

[9] Emerge infine Socrate. Egli è raffigurato in piazza, il luogo in cui si confrontava coi passanti e proponeva loro i suoi quesiti, dando vita ai famosi dialoghi riportati da Platone.

Capitolo VIII
La Filosofia come archè della conoscenza

Questa volta Aletheia non esita: si muove con decisione verso la lastra di pietra e, quando dovrebbe avvenire la dolorosa collisione, si ritrova in un cielo azzurro e terso. Vede laggiù una splendida collina sulla quale troneggia un magnifico tempio, l'Acropoli di Atene.

Con qualche battito d'ali raggiunge l'agorà e trova quell'uomo scolpito nel bassorilievo. Ecco Socrate. Quale indescrivibile emozione pervade il cuore della civetta nel vedere il più grande di tutti i Filosofi, colui che non scrisse nulla e comprese il senso ultimo della ricerca e i suoi presupposti fondamentali!

Sopraggiunge nel frattempo uno dei suoi discepoli, che Aletheia identifica in Cherefonte.
"Torno ora dalla Pizia[1], Socrate! Le ho chiesto chi sia l'uomo più sapiente e mi ha risposto che sei tu!" esordisce il discepolo.

Socrate sostiene che vi sono uomini che hanno fama di essere molto sapienti, ad esempio i politici. Non si ritiene il più sapiente: c'è chi "ha più sapore"[2] di lui! Per confermare la sua tesi si reca da alcuni uomini impegnati in politica e inizia a discorrere con loro. Sono abili nella capacità oratoria, ma non affrontano mai direttamente i quesiti che Socrate pone loro e li aggirano continuamente.

Pertanto il Filosofo si accorge che il loro sapere è apparente: credono di sapere, in realtà non sanno. "Mi rendo conto ora di essere il più sapiente. So infatti la cosa fondamentale che nessuno conosce: so di non sapere[3]".

Aletheia ha osservato tutto con attenzione e Socrate ha notato lo sguardo intelligente dell'animale[4]. Esso scende dall'ulivo su cui era appollaiato e, *meraviglia delle meraviglie*[5], pronuncia queste parole: "*Or se' tu quel*[6] Socrate figlio di colei che fa risplendere la virtù e di colui che riconosce la saggezza[7]?".

---

[1] Dall'oracolo di Delfi. La sacerdotessa che dava i responsi veniva chiamata "Pizia", nome derivante dal serpente che Apollo sconfisse proprio a Delfi.

[2] Sapere deriva dal latino "sapio", cioè "aver sapore": il sapiente è dunque "colui che ha sapore".

[3] Socrate inizia a parlare solo quando c'è una verità filosofica da esporre: il non-sapere. In precedenza era rimasto muto. Solo per Cherefonte è usato il discorso diretto.

[4] Tra persone dotate di cultura c'è spesso intesa.

[5] L'espressione è ripresa dall'opera "I discepoli di Sais" (1798-1799) di Georg Friedrich Philipp Freiherr von Hardenberg, detto "Novalis" (1772-1801).

[6] Le parole "Or se' tu quel" costituiscono l'inizio della domanda che Dante rivolge a Virgilio al verso 79 del I canto dell'*Inferno* della Divina Commedia.

[7] I genitori di Socrate si chiamavano Fenarete e Sofronisco. "Fenarete" significa "colei che fa risplendere la virtù", "Sofronisco" vuol dire "colui che riconosce la saggezza".

"Proprio così. Tu chi sei? Forse sei un messo divino venuto a rivelarmi la Verità? Non penso, simbolo d'Atena: la Verità è inconoscibile! Forse mi mostrerai la bontà della mia ricerca e che davvero *una vita senza esame non è degna di essere vissuta*[8]".

Il simbolo d'Atena, come lo aveva definito Socrate, rimane per un momento sorpreso[9], ma subito dopo si presenta per l'ennesima volta.

"Dunque tu affermi che la Verità sia inconoscibile? Quale significato avrebbe allora il mio viaggio?" chiede successivamente.

"Puoi tu forse scoprire con certezza l'esistenza di un principio ordinatore del Cosmo?"[10].

"No".

"Puoi tu forse, anche qualora ne scoprissi l'esistenza, capire il criterio in base al quale esso ordina?".

"No".

"Puoi tu forse, anche qualora comprendessi tale criterio, comunicarlo agli altri?"[11].

"No".

"Esatto. Perché lo dici?"[12].

"Perché tale scoperta apparterrebbe ad un ambito non umano e non sarebbe esprimibile con parole umane!".

"Cosa invece puoi esser sicura d'aver scoperto?".

"Di non sapere".

"Hai compreso il punto di partenza di tutta la conoscenza umana, di oggi e di ogni tempo: il non-sapere. Non devi per questo demoralizzarti poiché il non-sapere è il motore stesso della conoscenza: se già conoscessimo tutto, a che pro la ricerca?".

---

[8] Ecco la frase che avevamo assunto come uno dei presupposti del viaggio nell'Introduzione.

[9] Aletheia rimane sorpresa perché Socrate ha affermato che la Verità è inconoscibile. Per la prima volta nel suo viaggio realizza che questo fatto mina alla base la sua stessa ricerca. Nel capitolo V aveva intuito l'inconoscibilità attraverso Yggdrasill, come era stato messo in luce nella nota 2 del medesimo capitolo.

[10] Socrate non risponde direttamente, ma inizia, come suo solito, la "pars destruens" del suo dialogo, finalizzata a eliminare nell'interlocutore le idee errate.

[11] Le tre domande che Socrate propone ad Aletheia sono la sintesi del pensiero di Gorgia, il sofista di cui si parlava già nella nota 8 del capitolo VII. Il pensiero del sofista si articolava in tre punti:

1. nulla c'è;
2. se anche qualcosa c'è, è inconoscibile all'uomo;
3. se anche è conoscibile, è incomunicabile agli altri.

Gorgia distruggeva così ogni possibilità conoscitiva della Verità.
Il fatto che Socrate parta dalla speculazione del sofista mostra come egli sia "figlio" della sofistica, cioè come il suo pensiero non sia comprensibile se non è rapportato alla filosofia che si propone di contrastare (la Sofistica). Il fatto che poi Socrate prosegua il discorso in una "pars construens" testimonia che egli è anche "avversario" della Sofistica. Parte da essa, ma la supera.

[12] Inizia la "pars construens" del dialogo socratico, la maieutica: il filosofo fa "partorire" un concetto all'interlocutore.

"Mi hai indicato la strada per comprendere il mio viaggio: la Verità che sto cercando non è materiale, concreta. È invece l'impalcatura del sapere. E il non-sapere è la pietra *testata d'angolo* della costruzione del sapere stesso[13]".

Socrate conclude il dialogo: "Giusto! Essa consente di intraprendere *non solum* la ricerca scientifica, *sed etiam* quella morale, che anzi è ancora più importante della prima. La comprensione della virtù è, in effetti, la prima conquista che il non-sapere fa per rinforzare se stesso! Dalla virtù discende infatti il comportamento che l'uomo deve seguire per poter continuare ad apprendere seguendo il non-sapere"[14].

A questo punto Aletheia deve trovare un altro Filosofo: Platone. Per viaggiare nel tempo si reca nell'Eretteo[15], sull'Acropoli. Entrata in quel tempio si rivolge direttamente alla statua del re Eretteo: "O figlio di Gea e prediletto d'Atena, che cingesti per la prima volta sul tuo capo la corona di questa gloriosa città, concedimi di concludere il mio viaggio qui visitando l'ideatore della più grande di tutte le metafisiche[16] nell'ultimo periodo della sua vita!".

"Certo, figlia d'Atena".

---

[13] Ecco il concetto compreso da Aletheia: il non-sapere. Se prima la civetta era spinta dalla ricerca della Verità, l'attuale scoperta dell'inconoscibilità della stessa non la turba proprio per il non-sapere. Il non-sapere è infatti un'inconoscibilità positiva, ottenuta rovesciando la prospettiva d'osservazione. Esso spinge la ricerca umana. Per questo imprime nuovo slancio alla ricerca di Aletheia. Siamo giunti al "twist in the tale", al "colpo di scena" della vicenda.

[14] La ricerca della virtù si concretizza in un comportamento etico per l'uomo. Esso può essere applicato anche nell'ambito del non-sapere.

[15] È un tempio eretto intorno al 420 a.C. sull'Acropoli. È dedicato ad Eretteo, primo re di Atene secondo una locale leggenda. Eretteo era figlio di Gea e fu allevato da Atena stessa.

[16] Secondo Nietzsche il platonismo è la metafisica per eccellenza.

Capitolo IX
La Matematica come specchio del mondo e della mente umana

Uscendo dall'Eretteo Aletheia si ritrova intorno al 350 a.C.. Vede il lontananza l'Accademia fondata da Platone. Si avvicina e lo trova mentre è intento a discutere col *maestro di color che sanno*[1]. Davanti a lei stanno il vecchio Platone con una mano puntata verso il cielo e il giovane Aristotele che indica invece con una mano la terra[2].

Quella posa tanto teatrale rende i due Filosofi degni di un'opera d'arte. "Ma l'opera esisterà in futuro" pensa la civetta.

Aletheia interrompe il dialogo dei due: "Son felice di trovarvi insieme, voi che siete le due cime più alte della Filosofia greca. Un giorno un artista di nome Raffaello vi rappresenterà nella *Scuola d'Atene* (1509-1510) proprio nella posa in cui siete ora. Sarete insieme a molti altri Filosofi, anteriori e posteriori rispetto a voi. L'atmosfera tersa e limpida in cui l'artista vi immergerà sarà chiaro segno della vostra alta serenità intellettuale. L'architettura che vi sovrasterà diverrà il simbolo delle costruzioni del vostro pensiero, della Filosofia stessa. E in fondo si vedrà il cielo, emblema dello slancio della ricerca verso l'infinito".

---

[1] Dante Alighieri, "Divina Commedia – Inferno", canto IV, verso 131.
[2] Le differenze fondamentali tra i due Filosofi sono richiamate dall'antitesi che c'è tra la vecchiaia del primo e la giovinezza del secondo e tra i punti opposti indicati dalle loro mani. Proprio le mani, però, evidenziano come entrambi siano accomunati dall'essere uomini.

I due uomini osservano la civetta con occhi increduli, ma neppure troppo. In fondo il loro pensiero è arrivato a conclusioni tanto stravaganti e divergenti che nulla li può sorprendere più di tanto.

"... le idee matematiche[3]" conclude Platone.

Aristotele pronuncia le ultime parole del suo discorso: "... la forma e la materia[4]".

"Chi sei?" chiedono all'unisono i due.

Aletheia si presenta ancora una volta.

"Vedi che il mondo delle idee esiste? Quella civetta viene da lì! Come hai detto che ti chiami?" chiede Platone prima rivolto ad Aristotele, poi alla civetta.

"Aletheia!".

"Ecco, per di più si chiama Verità. Lo sapevo che prima o poi l'iperuranio mi avrebbe mandato un segno!".

"Io invece – ribatte Aristotele – potrei dirti che quella è la più lampante materializzazione del dualismo forma-materia. Come materia è una civetta, come forma è la Verità!".

Aletheia allora, per bloccare la controversia[5] almeno per il tempo necessario ad un dialogo con Platone, spiega in modo più dettagliato il suo viaggio.

Poi chiede a Platone: "So che la tua ultima scoperta filosofica è la visione matematica del mondo, descritta nel *Timeo*. Hai posto all'apice del mondo delle idee quelle matematiche ed hai utilizzato il termine mediatore del mitico Demiurgo per esemplificare i rapporti realtà-cose. Il Demiurgo guarda i modelli matematici del mondo delle idee e forgia partendo da essi la realtà. È una divinità artigiana".

"Vedo che conosci bene il mio pensiero; – inizia Platone – ti spiegherò allora quanto mi chiedi. Come tu hai notato, il Demiurgo è un personaggio mitico. Spesso, nel corso della mia speculazione, ho dovuto usare il mito per spiegare taluni aspetti troppo complessi o per i quali non esistesse una giustificazione logica. Così sono nati il soldato Er[6], l'auriga che guida la biga coi cavalli nero e bianco[7], il mito della caverna[8] e tanti altri. A ogni modo, ritengo che il mondo

---

[3] È l'estremo punto di arrivo della filosofia platonica, a cui approda l'ultimo Platone.

[4] È il punto di partenza della filosofia aristotelica.

[5] Ecco l'umanità dei due Filosofi: ciascuno tende ad adattare ciò che vede alle sue convinzioni. È ciò che spesso accade a tutti noi.

[6] Er è un soldato che si è incarnato in un nuovo corpo, ma ricorda la vita passata. Egli racconta allora di aver visto l'anima di Ulisse che, dopo un vita fatta di gloria e grandezza, ha deciso di incarnarsi in una vita umile e schiva, scelta disprezzata da tutti gli altri. Questo è il mito mediante il quale Platone dimostra l'immortalità dell'anima ed è esposto nel "Fedone".

[7] La biga coi due cavalli, descritta nel "Fedro", è la metafora dell'individualità umana. L'auriga è la razionalità che desidera contemplare il mondo delle idee. Spinge allora il cavallo bianco ("eros celeste") verso l'alto, verso l'iperuranio. La contemplazione delle idee non dura tuttavia molto: ben presto il cavallo nero ("eros terreno") trascina la biga verso il basso, riportandola nell'apparenza

sia costruito sul modello dell'iperuranio su base matematica. Sono convinto tuttavia che nell'universo non regni il meccanicismo, ma un finalismo che mira a realizzare il Bene nel cosmo e che è incarnato dal Demiurgo".

"Non ricordo però come le idee matematiche riescano a rappresentare la totalità del reale" interviene Aletheia.

"Molto semplice: esistono cinque idee matematiche, corrispondenti a cinque solidi, che rappresentano le quattro radici del mondo e la loro armonia. Questi solidi sono poliedri regolari e non possono essere più di cinque. Volendo essere rigorosamente matematici: si dice poliedro regolare un poliedro convesso costituito da facce tutte uguali a uno stesso poligono regolare e tale che in ogni suo vertice concorra lo stesso numero di facce. Ne consegue che anche i suoi angoloidi hanno la stessa ampiezza. Secondo me il tetraedro è simbolo del fuoco, l'esaedro della Terra (come materia e come corpo celeste) l'ottaedro dell'aria e l'icosaedro dell'acqua. Il dodecaedro rappresenta invece la totalità dell'universo e la sua armonia".

"Ora ricordo!" esclama Aletheia, che ha avuto un'illuminazione. E subito aggiunge: "Posso anche darti la dimostrazione matematica di quanto tu affermi. I poligoni regolari possono essere costituiti da un numero comunque grande (purché maggiore di tre) di lati. Per un solido invece la somma degli angoli che concorrono in un vertice deve essere sempre minore di 360°. Non può neppure essere uguale, poiché in tal caso la somma degli angoli sarebbe un angolo giro *schiacciato* su un piano e non si potrebbe avere un solido. Poniamo k ≥ 3 (e k appartenente ai naturali). Pertanto:

1. se le facce sono triangoli equilateri (con angoli interni di 60°) si avrà:
$$k \times 60° < 360°$$
   I valori possibili di k sono solo tre: k=3, k=4, k=5.

2. Se le facce sono invece quadrati, la disuguaglianza precedente diviene:
$$k \times 90° < 360°$$

---

ingannevole del reale. Il mito racchiude la descrizione delle componenti dell'anima di ciascun uomo e la teoria dell'amore come psicagogia, guida dell'anima stessa.

[8] Il mito della caverna costituisce la sintesi del pensiero platonico. In una caverna sono rinchiusi alcuni schiavi (gli uomini comuni), incatenati ad un muro e rivolti verso il fondo della caverna, senza potersi guardare alle spalle. Vedono delle ombre proiettate sulla parete rocciosa, che identificano con la sola realtà esistente (l'apparenza fallace del mondo). Uno di loro (il Filosofo, Socrate) però si libera dalle catene (le passioni nefaste che precludono all'uomo la conoscenza della Verità), si volta e scopre che le ombre erano proiezioni di statuette sostenute da portatori nascosti. Esce dalla caverna, ma la luce lo abbaglia e può vedere le cose solo riflesse nell'acqua (le idee matematiche che preparano alla Filosofia; solo nell'ultimo Platone, infatti, esse furono poste all'apice del mondo delle idee). Poi si abitua alla luce e contempla la natura nella sua bellezza (la Filosofia ai suoi massimi livelli). Vorrebbe star lì a contemplarla per sempre (tentazione del Filosofo a rinchiudersi in una torre d'avorio), ma decide di tornare nella caverna per liberare i vecchi compagni di schiavitù (supremo compito politico-sociale del Filosofo). Rientrato nella caverna viene scambiato per pazzo dagli schiavi che continuano ad onorare le statuette e coloro che hanno la vista più acuta e le vedono meglio (i falsi sapienti). Di fronte all'insistenza di colui che è tornato, gli schiavi lo uccidono (sorte toccata a Socrate).

Con un'unica soluzione: k=3.

3. Infine, se le facce sono pentagoni si ha:

$$k \times 108° < 360°$$

Con l'unica soluzione k=3.

I poligoni regolari con più di cinque lati hanno angoli interni tali che non esiste nessun $k \geq 3$ e appartenente ai naturali per cui possano essere realizzati solidi platonici. Si pensi ad esempio all'esagono, con angoli interni pari a 120°: la disuguaglianza $k \times 120° < 360°$ non ha soluzioni che soddisfino i requisiti imposti"[9].

"Non ci avevo mai pensato, hai ragione!" esclama Platone.

"Pensa che i solidi di cui abbiamo parlato saranno chiamati *platonici* e un grande artista, Leonaro da Vinci (1452-1519), li disegnerà per l'opera di Fra Luca Pacioli (1445-1517), il "De divina proportione" (1509)".

 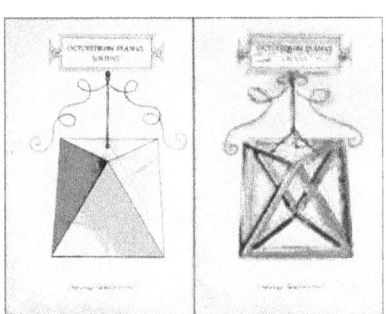 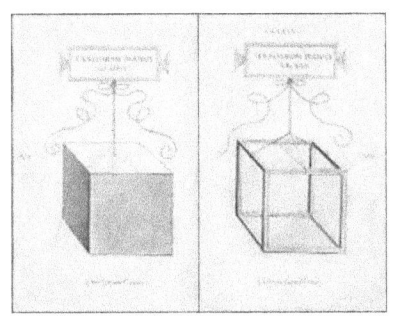

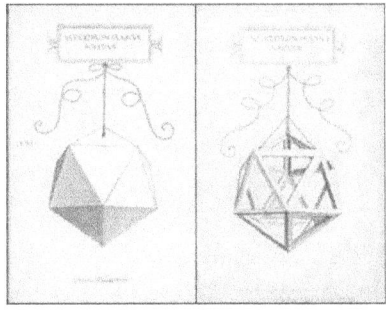 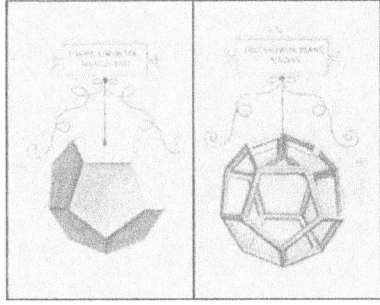

"Guadagneranno quindi grande fama!".

"Certo! E la visione matematica delle cose che dai nel *Timeo* influenzerà per secoli la visione del mondo in Occidente. Hai fatto rivivere il pitagorismo inserendolo in un'ottica finalistica che tanto piacerà ai Cristiani, membri di una fortunata comunità religiosa che nascerà tra circa quattro secoli. Tu stesso, Aristotele, sarai influenzato nella tua visione della Fisica da Platone. Insieme l'ultimo approdo della tua filosofia, Platone, e il tuo sistema, Aristotele, condizioneranno per quasi due millenni la cultura occidentale. Se i vostri risultati speculativi sono ora un'avanguardia, cristallizzeranno in seguito la ricerca. Solo con l'avvento di un

---

[9] Aletheia ha raggiunto il rigore scientifico della ricerca che stava cercando. Ne è segno questa dimostrazione matematica.

exemplum della scienza, Galileo, essa sarà liberata da questa fossilizzazione. Tra gli Illuministi, esponenti di una corrente che accenderà la scintilla per l'Europa moderna, nascerà invece un Filosofo al pari di Socrate, di nome Immanuel Kant (1724-1804). Con lui davvero la Matematica e la Scienza troveranno una giustificazione epistemologica. I giudizi sintetici a priori e gli schemi trascendentali gli permetteranno di dimostrare come nella particolarità della specie umana le scoperte scientifiche valgano universalmente. Ma sto sfociando in un nuovo mondo, che neppure so se voi possiate capire…"[10].

"In effetti siamo un po' disorientati" afferma Platone.

Aristotele continua: "Ci interessa ciò che tu ci racconti, ma i tempi non sono ancora maturi. La Filosofia, *l'anelito ultimo dell'uomo a se stesso*[11], il cui cammino dura già da molti secoli, si fregia del contributo di tutti. Dobbiamo solo aspettare e dare tempo al tempo perché il pensiero si sviluppi e conduca l'uomo sempre più vicino alla Verità, pur senza mai raggiungerla"[12].

---

[10] Aletheia è spinta dal desiderio di totalità, tipico di chi ha compreso molto, a riassumere il percorso filosofico occidentale.

[11] Il Mito, come si diceva nell'Introduzione, è "l'anelito primo dell'uomo a se stesso". Verso la fine del suo percorso, Aletheia scopre che la Filosofia è "l'anelito ultimo dell'uomo a se stesso".

[12] Aristotele pronuncia la sintesi della funzione della Filosofia. È emblematico che sia il più giovane dei due a esporre il massimo pensiero filosofico.

Capitolo X
Una nuova età dell'oro

Nella sua mente Aletheia riassume quanto ha imparato finora: "All'inizio il Caos regnava nell'universo. Dal Caos emersero le divinità primordiali che diedero vita a tutte le altre. È avvenuto così il passaggio dal Caos al Cosmo[1]. Il nuovo ordine ha riguardato solo la realtà naturale, non quella umana, ancora poco sviluppata. Dopo la distruzione dell'età dell'oro primordiale e l'avvento di Zeus, una serie di stirpi umane si sono succedute fino a quella attuale[2]. Alcune stirpi sono state annientate poiché empie. Il loro disordine interiore era troppo grande perché sopravvivessero. La nuova stirpe, nata da Deucalione e Pirra non ha grandi doti particolari, ma possiede intelligenza sufficiente a desiderare qualcosa di positivo: l'ordine e l'equilibrio. In questa stirpe vi sono stati quindi individui che hanno aiutato gli altri uomini a progredire usando le proprie doti eccezionali. Esempi sono Prometeo ed Eracle, che vivono sospesi tra mondo umano e divino[3]. Una volta raggiunto l'equilibrio gli uomini portano alle estreme conseguenze le loro capacità raggiungendo le massime espressioni della Scienza e dell'Arte[4]. Esse sono mosse dalla curiosità[5], che convive nell'uomo con la consapevolezza dell'inconoscibilità dei perché ultimi dell'esistenza[6]. E la prima concretizzazione della curiosità dalla quale nascono tutte le altre, dalla Filosofia alla Matematica, è il Mito[7]".

Aletheia pensa che il suo viaggio sia terminato. Istinto e ragione[8] le dicono che deve andare nel tempio di Atena Parthenos[9]. Per la seconda volta attraversa i Propilei[10] e si dirige verso il tempio più grande dell'Acropoli.

"Il tuo viaggio non è ancora finito, Aletheia" le dice una voce familiare. La civetta si volta e vede un'enorme statua di Atena, l'Atena Promachos[11]. La dea le sta parlando attraverso quel blocco di pietra: "Le Parche ti concedono di viaggiare un'ultima volta nel tempo. Questa volta però non andrai nel passato, ma nel futuro…".

---

[1] "Caos" deriva dal greco "χάος", "disordine", "cosmo" da "κόσμος", "ordine".
[2] Capitolo II.
[3] Capitolo III.
[4] Capitolo IV.
[5] Capitolo VI.
[6] Capitoli V e VII.
[7] Capitoli VIII e IX.
[8] Aletheia è un animale eccezionale: possiede sia istinto che ragione.
[9] È il Partenone, tempio di Atena Vergine, realizzato dal 447 al 437 a.C. per la parte architettonica. Le opere scultoree proseguirono fino al 432 a.C.
[10] Aveva già varcato l'ingresso dell'Acropoli per raggiungere, nel capitolo VIII, il tempio dell'Eretteo.
[11] È il simulacro di Atena Guerriera, visibile subito dopo aver attraversato i Propilei.

Aletheia, che stava ad ascoltare Atena appollaiata su un sasso, sente che il terreno le manca sotto le zampe. Deve sbattere le ali per sostenersi nel vuoto. Tutto cambia attorno, solo la statua di Atena Promachos rimane uguale. Il cielo diviene scurissimo, le nuvole emettono copiosi fulmini. Il mare tempestoso si abbatte con violenza sulle scogliere. Molti edifici sono scomparsi e il Partenone è in rovina. Non ci sono più uomini intorno: del resto non potrebbero più camminare sulla terra rossa e incandescente e non riuscirebbero a sopravvivere nell'aria stranamente gelida[12]. Gli alberi sono seccati per il freddo e l'aria è quasi irrespirabile. Per la prima volta Aletheia ha paura[13]: riuscirà a scampare da quello che sembra un pericolo imminente?

"Ora, Aletheia, – inizia Atena – ci troviamo in un lontano futuro nel giorno di Ragnarok[14]!"
Aletheia rimane sbalordita: "Siamo alla fine dei tempi; ma non è pericoloso anche per te rimanere qui, Atena[15]?".
"Certo, è pericoloso, ma è pure necessario per la vittoria del Bene! Adesso sali sulla mia spalla: così ci muoveremo più velocemente per raggiungere il campo di battaglia, la pianura di Vígríðr!".
"Dunque, giacché la battaglia è imminente, sono già passati i tre anni di Fimbulvetr, il terribile inverno in cui si sono sfaldati tutti i legami familiari e sociali e in cui gli uomini sono scomparsi. Nel frattempo Skǫll e Hati, i due lupi che da sempre inseguivano il Sole e la Luna li hanno raggiunti e divorati. Anche le stelle sono sparite: per questo tutto è così buio! E le scosse che fanno tremare la terra sono allora quelle provocate da Yggdrasill, l'albero che ho visto nel sentiero delle Muse. I confini tra i mondi[16] si sono rotti e ora le forze del Bene si riuniranno per combattere quelle del Male!".

Atena corre attraversando il mondo umano per raggiungere il campo di battaglia. Aletheia ha modo di osservare il raduno dei due schieramenti.

Dallo Stige emerge Naglfar, la nave infernale che, guidata da Loki[17], capo supremo delle forze del Male, trasporta le potenze delle tenebre. Il serpente Jormungandr emerge dalle acque di

---

[12] La terra è incandescente mentre l'aria è gelida.

[13] Per la prima volta Aletheia ha paura: la sua razionalità non le permette di non provare questo sentimento umano.

[14] Nella mitologia nordica è il giorno in cui si svolgerà "la battaglia finale tra le potenze della luce e dell'ordine e quelle delle tenebre e del caos, in seguito alla quale l'intero mondo verrà distrutto e quindi rigenerato" (da "Wikipedia"). Per questo l'albero Yggdrasill che Aletheia aveva visto era "profetico" (nota 1 capitolo V).

[15] Molti dei moriranno nel corso di Ragnarok.

[16] I nove mondi sorretti da Yddrasill.

[17] Loki incarna il Male esistente nella realtà. Astuto e maligno, talvolta si schiera dalla parte degli dei, talvolta contro. Unendosi alla gigantessa Angrboda ha dato origine al lupo Fenrir, al serpente

Migdardr[18] e Hel giunta dall'oltretomba è a capo dei giganti di fuoco e di gelo e dei titani. Le porte del Tartaro[19] si sono infatti aperte e coloro che anticamente furono sconfitti da Zeus sono tornati all'attacco.

Il lupo Fenrir si libera da Gleipnir, la catena magica che lo tiene imprigionato dalla notte dei tempi e precede tutti sul campo. È intenzionato a vendicarsi contro Odino che lo ha tenuto imprigionato per tanto tempo.

I giganti di fuoco percorrono il ponte dell'arcobaleno e lo fanno crollare per il loro peso. Infine il drago Nidhoggr[20] risale il fusto di Yggrasill per partecipare allo scontro[21].

"Se c'è l'arcobaleno Iride è scesa sulla Terra[22]" pensa Aletheia. Infatti poco più in là si vedono Iride ed Era insieme alle sue sorelle Estia e Demetra. Dalle nuvole giunge Zeus, dalle acque emerge Poseidone, dalla terra appare il carro di Ade. I tre fratelli incontrano Odino e Thor e stipulano con loro un'alleanza. Dall'Olimpo accorrono gli altri dei.

Infine Heimdallr soffia Gjallarhorn, il suo corno. Chiama a raccolta i guerrieri del Valhalla, Valchirie ed Einherjar[23].

Inizia la battaglia. "Tieniti forte, Aletheia, ora dovremo combattere". In breve gli dei olimpici riescono ad annientare gli Antichi Titani, troppo deboli per la lunga prigionia nel Tartaro.

Più cruenta è la battaglia tra i nordici. Odino soccombe ucciso da Fenrir. Il lupo è però ucciso dal figlio di Odino, Vidarr. Thor uccide Jormungandr, ma muore poco dopo per il veleno del serpente che lo ha morsicato nel combattimento. Tyr uccide il cane infernale Garmr, ma muore per le ferite. Infine il gigante del fuoco Surtr abbatte Freyr[24].

Jormungandr e a Hel, dea della morte. Ebbe poi numerose altre amanti dalle quali nacquero vari mostri. Nonostante la sua malvagità ha anche atteggiamenti buffi che mitigano il suo carattere. Spesso si diverte a dare fastidio agli altri (come nel caso in cui si trasformò in moscone e andò a punzecchiare i nani che costruivano il martello di Thor). Come Prometeo, fu incatenato ad una roccia per lungo tempo. L'animale che lo straziava versandogli addosso veleno corrosivo era un serpente. Riuscì a liberarsi per partecipare a Ragnarok.

[18] È il mondo degli uomini.

[19] È la parte più oscura dell'oltretomba greco, composto da Pianura degli Asfodeli e Campi Elisi.

[20] Nidhoggr è rimasto per tutto il tempo a rosicchiare il fusto dell'albero Yggdrasill.

[21] Le forze del Male sono schierate.

[22] Quando si vede nel cielo l'arcobaleno Iride, messaggera di Era, scende sulla terra. Infatti Dante, nel canto XII del "Paradiso", ai versi 10-13 afferma: "Come si volgon per tenera nube, / due archi paralleli e concolori, / quanto Iunone a sua ancella iube / nascendo di quel d'entro quel di fori, / …".

[23] Sono le anime dei guerrieri morti sui campi di battaglia raccolti nel corso della Storia dalle Valchirie e fatti addestrare nel Valhalla.

[24] È il dio della bellezza e della fecondità nordico.

Dopo l'ultimo duello tra Heimdallr e Loki, in cui entrambi muoiono, Surtr dà fuoco all'intero mondo, che viene ridotto in cenere. Ma, come la Fenice[25], esso rinasce sotto la guida dei figli di Odino Vidarr e Vali e dei figli di Thor Modi e Magni.

Aletheia vede che nuovi uomini, elfi e nani popolano la terra. I nuovi uomini sono nati da Lif e Liftrasir, gli unici due esponenti della specie umana sopravvissuti a Ragnarok nascondendosi nelle fronde di Yggdrasill. Tutti vivono in pace e in armonia. La natura è di nuovo rigogliosa. Il paesaggio trasmette un'idea di sublime serenità simile a quella dei paesaggi di Caspar David Friedrich (1774-1840), come nel *Viandante sul mare di nebbia* (1818):

La serenità è sublime, cioè ha in sé anche un sentimento di inquietudine che l'uomo prova di fronte alla vastità della natura.

"Dunque – chiede la civetta ad Atena – siamo in una nuova età dell'oro?".

"Quasi" risponde la dea e fa un cenno verso un punto nel cielo. No, non è possibile: Nidhoggr è ancora là che vola, con le zanne intrise di sangue[26].

"Gli uomini devono allora stare molto attenti: la palingenesi va mantenuta attivamente, continuando ad agire per la vittoria del Bene?".

"Sì, la vita è una continua battaglia tra le forze del Bene e quelle del Male![27]" esclama Atena.

Poi conclude: "Ora vai, Aletheia, il tuo viaggio si è davvero concluso!".

"Dove devo andare?" chiede disorientata la civetta.

---

[25] Ecco un elemento della mitologia egizia (ma anche di quella greca).

[26] Il male è ancora presente nel mondo. L'immagine delle zanne intrise di sangue ricorda quella dell'aquila che dilaniava il ventre di Prometeo nel capitolo III.

[27] Atena espone il concetto agostiniano della Storia come risultato della lotta tra "Città Celeste" e "Città Terrena", esposto nel "De civitate Dei" (412-426 d.C.).

"Là!" risponde la dea e indica le macerie del Partenone tra le quali luccica una statua.

Aletheia vola e si dirige verso quel luccichio. Si posa su una colonna distrutta e contempla la meraviglia che le sta dinanzi: la statua crisoelefantina[28] di Atena. "Allora non era andata perduta! O forse è stata ritrovata dopo l'epoca in cui sono partita! O forse il culto di Atena è rinato e ne è stata fatta una copia!"[29].

---

[28] Dal greco, "fatto d'oro e d'avorio".
[29] La statua crisoelefantina di Atena fu scolpita nel 438 a.C. da Fidia. Alta dodici metri, per la sua realizzazione occorsero mille chilogrammi d'oro. La statua andò perduta nella notte dei tempi.

Capitolo XI
L'epilogo: Aletheia "tiene un premio ch'era follia sperar"[1]

Gli occhi notturni della civetta sono completamente rapiti da quelli d'oro della statua. Pian piano la luce attorno alle due aumenta e inghiottisce ciò che è attorno a loro. Quando poi si attenua Aletheia si ritrova in un luogo differente, ma familiare. È all'interno di un enorme tempio. Ma è un tempio diverso dagli altri: le pietre che lo costituiscono sono scolpite perfettamente e sembrano antichissime. Davanti a lei c'è la statua di Atena che aveva continuato a fissare. Vicino ci sono le statue di tutti gli altri dei. L'atmosfera è fresca e luminosa, come al risveglio da un bel sogno.

Aletheia inizia a volare in quello spazio immenso e deserto. Improvvisamente compare una donna, una dea. Emana una luce quasi abbagliante. Dietro di lei affiora un drappello di persone: Prometeo, Eracle, Calliope, Ulisse e i quattro Pilastri della Filosofia greca: Talete, Socrate, Platone e Aristotele. Da un'altra direzione fa capolino un vecchio che annuncia: "Per nasconderti il cipresso ho semplicemente attratto il tuo istinto prima verso il fondo del sentiero, dove si trova Yggdrasill; poi l'ho attratto verso il Ginkgo Biloba!".
"E in che modo, Tiresia?" chiede Aletheia.
"Alle civette piacciono molto i topolini. Mi è bastato porne uno sul tuo cammino e renderlo irresistibile cospargendolo di una crema vegetale!".
"In effetti era molto gustoso, anche se non mi sono accorta che mi attraesse tanto".
"Certo, ho agito sul tuo inconscio" conclude l'indovino[2].

Ora la civetta si rivolge a quella donna che emana luce. Quest'ultima prende la parola: "O tu che hai il mio nome e che rappresenti Atena, dimmi, se ti è cosa gradita[3], ciò che hai imparato nel tuo viaggio!".
Aletheia rimane sbalordita: "Se io ho il tuo nome, significa che tu ti chiami Verità! Tu *sei* la Verità![4]".
Quella annuisce[5].
"I due più grandi risultati del mio viaggio sono il non-sapere e l'inconoscibilità della Verità. In realtà ritenere che essa sia inconoscibile significa ammettere di non sapere".

---

[1] Alessandro Manzoni, "Il cinque maggio", versi 41-42.
[2] Tiresia garantisce che il viaggio di Aletheia è stato reale. L'atmosfera "fresca e luminosa, come al risveglio di un bel sogno" poteva indurre infatti a pensare che lo stesso fosse un sogno.
[3] La richiesta è a metà tra l'ordine imperioso e la domanda cortese.
[4] Mentre Aletheia ha questo nome poiché cerca la Verità, la donna che si chiama Verità è la Verità stessa.
[5] La Verità è di poche parole. Spesso nella vita essa è molto semplice, ma si cela sotto le cose. Per questo risponde in modo semplice, ma silenzioso.

"Dunque hai scoperto la più grande delle Verità che è la base di tutte le altre e della conoscenza".

"Ma come farò, come faranno gli uomini a conoscere le altre Verità?".

"Questo me lo devi dire tu..." risponde enigmaticamente la Verità.

Aletheia ragiona qualche istante, poi esclama: "L'ottimismo!".

La Verità sorride.

La civetta continua: "Il non-sapere è una condizione gravida di Conoscenza[6] che cela dietro di sé la Verità, dietro cui Tu ti celi. Ora, il non-sapere è il momento negativo e pessimistico della Conoscenza umana. Ma proprio esso è necessario, indispensabile alla stessa. Dalla visione pessimistica nasce dunque quella ottimistica. Quest'ultima rinforza a sua volta il non-sapere: man mano che si scopre ci si accorge sempre più di non sapere. E il non-sapere influenza ancora l'ottimismo dando inizio ad un circolo virtuoso. D'altronde, se esso non esistesse, se sapessimo tutto, mancherebbe la spinta stessa della ricerca, come già mi insegna[7] Socrate. L'intelligenza non avrebbe quindi ragione d'esistere. Invece, nella condizione in cui si trova, si appropria della visione ottimistica e comprende che *una vita senza esame non è degna di essere vissuta*[8]. Attraverso l'ottimismo dell'intelligenza l'uomo riesce a prendere possesso di ciò che gli sta attorno e a progredire. Solo se rispetterà la Natura avrà però davvero capito la grandezza di se stesso e dell'intelligenza che è in lui[9]. Così sarà davvero Uomo e si potrà dire: *Homo faber fortunae suae*[10]".

La Verità: "Il tuo cammino è compiuto, Sorella! La catarsi tua e dell'Uomo è stata completata! Ti concediamo[11] allora il premio più grande di tutti: rimarrai sull'Olimpo e diverrai custode dell'imbocco del Sentiero delle Muse che parte da qui. Insieme a Tiresia lo percorrerete portando la vostra esperienza all'Uomo in tutte le epoche. Io rimarrò qui a garantire costantemente la Verità in questo luogo. Voi invece la porterete in giro per lo spazio e il tempo. Non riuscirete a rendere il mondo perfetto, ma la vostra azione illuminerà alcuni uomini. Di loro voi vi servirete nello stesso modo in cui Io mi servo[12] di voi per diffondermi nel mondo. Vi dono dunque l'Immortalità".

---

[6] Alla fine del percorso la "Conoscenza" assume la lettera maiuscola, come nella Prefazione.

[7] Il verbo passato dell'esperienza è sostituito da un presente fuori dal tempo.

[8] Ecco le parole socratiche.

[9] Si giunge all'identificazione ciceroniana tra "utile" e "onesto" ("De officiis", 44 a.C.). Aletheia lancia un ultimo messaggio alla società moderna.

[10] Ora Aletheia vede positivamente le possibilità umane, anche contro il Destino. Ha rovesciato, grazie al percorso compiuto, la visione pessimistica della nota 12 del capitolo V.

[11] La decisione è stata presa da tutti gli dei.

[12] L'accezione non è negativa: ormai qualsiasi verbo di "servizio" è visto nell'ottica finale dell'identità tra volere divino e compito di Aletheia e Tiresia, nonché tra volere divino e uomini "illuminati".

Guardando la Verità, Aletheia e Tiresia sentono l'Immortalità che pervade le loro membra. Aletheia esclama:

> " Nel suo aspetto tal dentro mi fei,
> qual si fé Glauco nel gustar de l'erba
> che'l fé consorto in mar de li altri dèi.
> Transumanar significar *per verba*
> non si poria; però l'essemplo basti
> a cui esperïenza serba"[13].

"Grazie, Verità!" dicono all'unisono Aletheia e Tiresia, che già si incamminano verso il sentiero.

"Ancora un momento! – ordina la Verità – Non conviene che viaggiate nel mondo con quelle sembianze!". E con un gesto della mano indirizzato verso di loro provoca qualcosa di straordinario. La leggera gobba di Tiresia si sana, le rughe sul suo corpo spariscono, gli occhi verdi acquisiscono una luce nuova, il bastone cade inutile dalle sue mani e muscoli sostituiscono le flaccide membra. Aletheia sente invece le sue ali allungarsi a dismisura, le sue zampe ingrossarsi. Sente che le piume si staccano dal suo corpo. Si guarda le ali e le zampe e, *meraviglia delle meraviglie*[14], scopre due mani e due gambe perfette. È diventata una donna di eccezionale bellezza. Poi si volge verso Tiresia e vede un uomo splendido, giovane e forte[15].

"Dunque Tiresia, anche tu sei divenuto immortale? Ti eri sbagliato quando hai detto che lo sarei stata solo io!"[16].

"E sì, il Sentiero delle Muse fa brutti scherzi!"[17].

Ma la Verità interviene: "Ora andate e ricordate: *in interiore homine habitat veritas...*[18]".

Dinanzi ai due viandanti si profila il Sentiero delle Muse. Esso presenta un varietà incredibile di scorci e paesaggi che ricordano ad Aletheia numerose opere d'arte: dai paesaggi romantici di Turner (1775-1851) che fanno provare forti emozioni all'osservatore a quelli di Monet (1840-1926) che trasmettono una improvvisa impressione e alla scomposizione geometrica della realtà che prevede l'inserimento del tempo di Picasso (1881-1973)[19].

---

[13] Dante Alighieri, "Divina Commedia – Paradiso", canto I, versi 67-72.

[14] Vedere la nota 5 del capitolo VIII.

[15] La conoscenza della Verità li ha resi Immortali e perfetti.

[16] Ciò è accaduto nel capitolo V.

[17] Sarà il Sentiero delle Muse o sarà Tiresia a fare brutti scherzi?

[18] La Verità conclude il suo discorso e la vicenda con le parole agostiniane del "De vera religione" (389-391 d.C.): la Verità è nell'Uomo.

[19] Anche se l'inserimento del tempo appartiene alle opere posteriori. I primi paesaggi, come quello riportato, sono influenzati da Cézanne (1839-1906).

Allor Aletheia, allegoria della Verità, *si mosse* e Tiresia, allegoria della Filosofia, le *tenne dietro*[20].

---

[20] Dante Alighieri, "Divina Commedia – Inferno", canto I, verso 136: per Aletheia e Tiresia inizia un lungo viaggio senza fine.

Indice

I riferimenti letterari, filosofici, storici, artistici, matematici e scientifici si basano sui libri di testo adottati nei cinque anni di corso liceale. In alcuni casi si è trattato di opere o di concetti direttamente su essi riportati, in altri di rielaborazioni personali dei contenuti adattate ad opere e concetti esterni:

- Letteratura Italiana: Baldi G., Giusso S., Razetti M., Zaccaria G., "la letteratura", Seggiano di Pioltello (MI), Paravia.

- "Divina Commedia": Jacomuzzi S., Dughera A., Ioli G., Jacomuzzi V., "La Divina Commedia", Torino, SEI.

- Letteratura Latina: Casillo G., Urraro R., "Poeti e Scrittori latini", Firenze, Editore Bulgarini.

- Letteratura Inglese: De Luca B., Grillo U., Pace P., Ranzoli S., "Literature and Beyond – Film, Music and Art", Sograte – Città di Castello (PG), Loescher Editore.

- Filosofia: Abbagnano N., Fornero G., "Itinerari di filosofia", Varese, Paravia.

- Storia: Frugoni C., Magnetto A., "Le origini del nostro futuro – Corso di storia antica e medioevale", Torino, Zanichelli.

- Storia dell'Arte: Cricco G., Di Teodoro F. P., "Itinerario nell'arte", Bologna, Zanichelli.

- Matematica: Lamberti L., Mereu L., Nanni A., "Lezioni di Matematica", Varese, ETAS.

- Scienze della terra: Lupia Palmieri E., Parotto M., "Il Globo terrestre e la sua evoluzione", Bologna, Zanichelli.

Tre libri hanno costituito la base per il contenuto mitologico dell'opera:

- il libro di Epica adottato nel biennio: Mariotti A., Sclafani M. C., Stancanelli A., "Petali gialli – Pagine di autori italiani e stranieri – Mito Epica Fumetto", Firenze, Casa editrice G. D'Anna.

- Tron I., "MITOLOGIA GRECA", Toledo (Spagna), Mondadori.

- Borgheggiani, P.A., "le garzantine – Mitologia", Brescia, Garzanti.

Sitografia[1]

Alcune informazioni riguardanti i miti derivano da "Wikipedia – L'enciclopedia libera".

Indice delle illustrazioni

Le opere le cui illustrazioni sono riportate nel testo sono:
- un'antica moneta greca (430 a.C. circa) e l'odierna moneta da un euro greca, pagina 5;
- René Magritte, "La battaglia delle Argonne" (1959), pagina 6;
- Antonio Canova, "Ercole e Lica" (1795-1815), pagina 13;
- Vincent Van Gogh, "Notte Stellata" (1889), pagina 15;
- Raffaello Sanzio, "Il Parnaso" (1509-1511), pagina 22;
- Giorgio de Chirico, "Edipo e la sfinge" (1968), pagina 26;
- Francesco Hayez, "Aiace d'Oileo" (1822), pagina 32;
- Raffaello Sanzio, "Scuola d'Atene" (1509-1510), pagina 42;
- Leonardo da Vinci, illustrazioni del "De Divina Proportione" di Fra Luca Pacioli (1509), pagina 45;
- Caspar David Friedrich, "Viandante sul mare di nebbia" (1818), pagina 50;

---

[1] "Microsoft Word" segna come errato questo termine. È un neologismo della lingua italiana, definito dall'Accademia della Crusca il "repertorio sistematico di siti Internet, che contengono informazioni in riferimento a un particolare argomento, che solitamente affianca le tradizionali bibliografie relative esclusivamente a fonti cartacee" (da "Wikipedia").

- Joseph Mallord William Turner, "Paesaggio del sud con acquedotto e cascata" (1828), pagina 55;
- Claude Monet, "Bordighera" (1844), pagina 55;
- Pablo Picasso, "Fabbrica" (1909), pagina 55.